Julie SAINT-ANGE

302 TECHNIQUES AVANCÉES POUR RENDRE FOU UN HOMME

•MARABOUT•

Du même auteur chez Marabout :

- *203 façons de rendre fou un homme au lit*, poche n° 2771.

© Sakkara, Inc., 2002.
© Presses du Châtelet, 2003, pour la traduction française.

Toute reproduction d'un extrait quelconque de ce livre par quelque procédé que ce soit, et notamment par photocopie ou microfilm, est interdite sans autorisation écrite de l'éditeur.

Sommaire

1. État de transe 7

2. L'art de la séduction 15

3. Les jeux de l'amour 33

4. Prêtresse de l'amour 57

5. Sacrées positions 73

6. Adorable phallus 85

7. L'envers du décor 109

8. Dans le secret des zones érogènes 117

9. S… ? Mmm 127

10. Les rituels amoureux 153

11. Tantra et autres secrets de l'Orient 167

12. Comment préparer votre athlète ? 189

Appendice

Pour une sexualité plus sûre 199

Table des matières...................... 203

1

ÉTAT DE TRANSE

> *« Entrez dans l'acte amoureux
> si profondément qu'il n'y a plus d'acteur.
> Vous aimez, devenez l'amour ;
> vous caressez, devenez la caresse ;
> vous embrassez, devenez le baiser. »*
>
> Shiva

Il y a quelques années, j'ai eu une véritable révélation sexuelle.

C'est comme lorsque vous apprenez à danser le tango. Vous répétez les pas et les mouvements. Vous revêtez une robe adéquate, ample et légère. Vous devenez bientôt suffisamment adroite pour glisser dans votre chorégraphie quelques déhanchements ou quelques subtils mouvements de la tête. Vous finissez même par apprendre deux ou trois choses à votre partenaire. Et puis un jour, une mécanique intérieure se met en place ; l'âme de Ginger Rogers prend possession de vous et vos pieds ne touchent plus le sol. Vous ne dansez plus le tango, c'est le tango qui danse à travers vous.

C'est ainsi que ça s'est passé lorsque j'ai rencontré cet homme, alors que je venais d'enchaîner deux voyages au Japon et en Égypte. Un véritable choc des cultures : j'étais épuisée. Au Japon, j'étais une femme d'affaires assurant la promotion de mon dernier livre. L'Égypte répondait à une démarche plus personnelle : je voulais y faire un pèlerinage spirituel. J'étais passée sans transition de cet univers policé et surpeuplé d'Extrême-Orient aux vastes paysages inondés de soleil du Moyen-Orient. À mon retour, quand je succombai à une nouvelle histoire d'amour, pas étonnant que je fusse mûre pour une véritable symphonie des sens.

Benjamin était sculpteur. Ses œuvres en argile rouge étaient aussi voluptueuses qu'impénétrables. Quand il travaillait, ses longs cheveux étaient toujours en mouvement, ses bras décrivaient des mouvements passionnés et son regard brillait d'un feu sans pareil. Évidemment, il avait des mains magnifiques.

La première fois que nous avons fait l'amour, c'était dans sa voiture, dans un parking public. Avec ce désir animal qui fait oublier l'inconfort du volant dans le bas des reins... Quelques jours après, il m'a invitée dans son studio où, lentement, il a ôté mes chaussures et commencé à me masser la plante des pieds.

— Je n'avais encore jamais conduit avec une femme sur mes genoux, me susurra-t-il. La manière dont tu t'es abandonnée à moi était tellement excitante !

Ses doigts de sculpteur sont remontés jusqu'à mes cuisses, il m'a regardée droit dans les yeux et a murmuré :

— Tu as fait l'amour à mon corps tout entier, comme une virtuose jouant d'un instrument. Une virtuose de la chair.

Caresse, caresse. Regard de feu. Léger gémissement.

— Tu as enfoncé tes ongles dans mon dos. J'ai adoré les traces que j'y ai vues le lendemain.

Souffle court.

— Tu m'as grisé.

J'étais grisée moi aussi. Enivrée par la richesse et la diversité des cultures dans lesquelles je m'étais peu avant immergée, par les mots de Benjamin et l'image de ces griffures dans son dos, j'ai revécu, soudain, ce moment d'abandon bestial dans sa voiture. Je sentais le désir de Benjamin se mêler au sang qui coulait dans mes veines. En proie à une délicieuse capitulation, j'ai senti que je franchissais une invisible frontière et que je me laissais glisser dans le rôle d'une prêtresse de l'amour. Tout mon corps savait ce qu'il devait faire. Le sexe dansait à travers lui.

Sans un mot, je me suis dirigée vers le lit. J'ai jeté les couvertures sur le sol, comme j'aurais préparé un autel pour un rituel suprême. Je me suis déshabillée lentement, dans un mouvement onduleux, presque primal, sans cesser de le fixer du regard. Bientôt, je n'étais plus vêtue que de la longue écharpe en soie que j'avais autour du cou. Je l'ai promenée le long de ma poitrine et de mes hanches, puis entre mes jambes, lentement, pour l'imprégner de mon parfum intime. Puis je me suis jetée sur Benjamin, je lui ai arraché sa chemise et j'ai attaché ses mains avec mon écharpe. Ses yeux se sont embrasés d'un désir mêlé d'un soupçon d'appréhension.

Possédée par la passion, j'ai léché la peau fine et blanche de son ventre, ses avant-bras vigoureux, le creux de son coude. J'ai mordillé sa nuque et griffé sa poitrine ; je savais qu'il allait adorer ces nouvelles marques sur sa peau. Puis je me suis redressée sur le lit, pour qu'il puisse me regarder pendant que je me caressais les seins et explorais mon puits d'amour. Il s'est mis à gémir de désir. Je me suis penchée vers lui et j'ai légèrement écarté son slip, juste assez pour pouvoir lécher cette partie sensible où l'intérieur de la cuisse rejoint l'aine. Doucement, je lui ai murmuré :

— Tu es si brûlant, ici.

J'ai senti sa hampe embrasée vibrer contre ma joue. Vacillante, fiévreuse, j'ai déchiré le coton de son sous-vêtement et me suis penchée sur lui.

Un peu plus tard, j'étais étendue là, respirant l'odeur âcre de nos sexes, le cœur battant contre les draps tièdes. Je souriais. J'avais succombé au vertige extatique de l'amour. Et, comme par une extraordinaire alchimie, ce vertige m'avait transformée en une Aphrodite des temps modernes. Mon cœur et ma tête s'étaient ouverts aux secrets de toutes les déesses de l'amour qui m'avaient précédée, et à l'esprit même du sexe. Cela, j'en étais certaine, était un droit naturel, que le simple fait de naître conférait à chaque femme. C'était un état aussi facile à atteindre que de se laisser emporter par une vague, pas de doute là-dessus. Il suffisait d'avoir le bon stimulus.

Les stimuli de la passion

Qu'ils se présentent sous la forme d'un ours en peluche, d'une mangue succulente ou du souvenir d'une scène d'amour sur la plage, les stimuli de la passion ont la particularité de vous reconnecter immédiatement avec vos instincts de désir primaires. Ils envoient balader la banalité du quotidien et vous plongent dans un délicieux abandon. Un élan érotique s'empare soudain de vous et voilà que votre langue sait réveiller à coup sûr un téton endormi. Votre corps irradie et envoie des impulsions électriques ; vous devenez l'artiste de votre propre sexualité.

Mais un objet ou un souvenir ne peuvent libérer toute leur magie que si vous le leur permettez. Il faut que vous acceptiez que leur charme, leur texture, leur odeur, leur puissance évocatrice agissent sur votre corps. Quand vous sentez qu'ils vous entraînent dans un monde de fantasmes, il faut oser repousser vos propres garde-fous et vous laisser glisser dans la délicieuse démence du sexe. Pour reprendre les mots de D. H. Lawrence, il faut vouloir « risquer votre corps et votre sang et votre esprit, votre moi connu, et devenir de plus en plus le moi que vous n'auriez jamais pu soupçonner ».

Par exemple, prenez un bandeau de satin noir. Caressez sa douceur soyeuse, admirez les courbes du tissu et voyez comme il évoque aussitôt le mystère, les plaisirs interdits. Au lieu de réprouver ces sentiments, laissez votre esprit s'évader. Et si vous appliquiez ce bandeau sur les yeux de votre amant ? Les sens sont aiguisés lorsqu'on est plongé dans le noir, on se sent plus vulnérable. Votre corps s'en souvient… Une tension commence à vous envahir, de la gorge jusqu'au bas-ventre. Votre cœur se met à palpiter et vous frissonnez. Aphrodite, la sensuelle, la démesurée, s'empare de vous. N'écoutant que ce feu naissant, vous vous introduisez doucement dans l'antre de votre homme, en faisant tourner le bandeau de satin autour de vos doigts, le regard provocant. L'atmosphère se charge d'érotisme ; il vous regarde, irrésistible. Le tour est joué !

Heureusement, nombreux sont ces catalyseurs potentiels : une plume d'autruche, un rêve, un costume de soubrette ou les phéromones de votre amant possèdent un pouvoir aphrodisiaque. Regardez-les, sentez-les, appréhendez-les comme si c'était la première fois. Repoussez vos barrières et laissez votre esprit explorer tous les fantasmes qu'il recèle. Imprégnez-vous-en de tous vos sens. Imaginez. Demandez-vous ce qui excite votre désir. Ces stimuli de la passion, et la sensualité dans laquelle ils vous plongent, peuvent :

- vous faire sentir que vous êtes sexy, sans limites,
- vous libérer de vos inhibitions et de vos pudibonderies,
- révéler des parties cachées de vous-même, plus profondes, primales, sauvages,

- vous encourager à aller plus loin dans l'expression de votre sexualité,
- aiguiser votre désir pour le corps de votre amant, et votre envie de le découvrir,
- vous inspirer de l'amour pour votre propre corps et vous faire prendre conscience de ses mystères et de son pouvoir,
- transformer de banales techniques sexuelles en un art véritable.

Vous remarquerez qu'on ne vous promet ici ni le corps de Laetitia Casta, ni l'expérience de Cléopâtre, ni l'audace de Madonna. C'est que le magnétisme sexuel n'a pas grand-chose à voir avec cela : des milliers d'hommes vous le confirmeront. Dans les pages qui suivent, vous découvrirez de nombreux procédés et stimuli de la passion qui vous mettront dans les starting-blocks. Mais c'est le feu qui couve en vous qui les rendra foudroyants.

2

L'ART DE LA SÉDUCTION

> « *Elle dit et détache alors de sa poitrine un ruban décoré de riches broderies, qui contient tous les charmes. Là sont désir, tendresse et propos amoureux, qui séduisent le cœur et trompent les plus sages.* »
>
> Homère

À quoi est dû l'irrésistible charme de certaines femmes ? Comment deviennent-elles ces ensorceleuses, capables de mettre un homme en transe en lui effleurant simplement l'avant-bras ? Certes, toutes les femmes ont en elles le pouvoir de charmer le serpent masculin, mais pourquoi certaines y excellent-elles particulièrement ? Elles ne sont ni plus belles, ni plus douées que les autres ; elles ont simplement appris à révéler, sans tabou, leur féminité la plus profonde : la Femme unique qui est en elles.

La séduction naît naturellement de cette connaissance de votre féminité. Une connaissance suffisamment intime pour que vous soyez parfaitement à l'aise dans votre corps. Quand vous comprenez que vous possédez un charme tout personnel, et que cela fait de vous une femme unique au monde, vous êtes en passe de vous apprécier à votre juste valeur. Vous rayonnez. Il émane alors de chaque geste, chaque mot et chaque regard une brûlante sensualité et un charisme auxquels personne ne peut résister.

Prenez Marilyn Monroe : une jolie fille, pas très sûre d'elle, qui a grandi dans une petite ville et est devenue le sex-symbol du siècle, laissant dans l'ombre des centaines de femmes bien plus belles qu'elle. Prenez Cléopâtre : elle n'était pas si extraordinairement belle, et sans doute pas plus douée au lit que ses nombreuses dames d'honneur. Mais elle a enchaîné le cœur des deux hommes les plus puissants de son temps. Elle aussi est devenue une légende sexuelle. Marilyn et Cléopâtre connaissaient leur féminité et étaient les premières à croire qu'elles étaient des déesses du sexe. C'est pour cela que chacun de leurs mouvements – et finalement leur corps tout entier – possédait cet incroyable pouvoir de séduction, qui dépassait largement celui de tous les artifices habituels auxquels une femme peut avoir recours. Et ce pouvoir s'exerce encore.

Chaque femme a son pouvoir de séduction bien à elle, un ensemble de charmes physiques et intellectuels capables de faire naître la passion et le frisson érotique. Trouvez votre style, identifiez vos atouts et, comme ces femmes citées en exemple, magnifiez-les. Elles ont pris conscience de leur féminité et l'ont exprimée avec une force et une résonance particulières. Comme elles,

L'art de la séduction / 17

QUELLE SÉDUCTRICE SOMMEILLE EN VOUS ?

La féline
(Marilyn Monroe, Kim Basinger, Britney Spears)
Mettez en valeur votre peau éclatante et la petite moue de vos lèvres. Portez des tissus délicats, soie et cachemire, dans les tons rose, pêche ou beige doré. Lisez beaucoup de romans d'amour et n'hésitez pas à laisser s'exprimer, de temps en temps, la petite coquine qui est en vous. Penchez la tête à la manière un peu timide d'une Lady Diana et souriez doucement lorsque vous caressez votre amant. Cultivez votre délicieux air sage et ce côté faussement innocent qui vous sied si bien.

L'exotique
(Cléopâtre, Lucy Liu, Iman)
Vous avez les traits fins, tout en vivacité : accentuez-les. Portez des couleurs vives, osez les bijoux clinquants et les parfums musqués. Transformez vos bains en rituels, disposez des bougies dans votre nid d'amour, et ayez en réserve quelques positions sexuelles du Tantra. Saupoudrez le pain d'épice de la vie de toute votre intensité !

L'élégante
(Audrey Hepburn, Jackie Kennedy, Gwyneth Paltrow)
Dévoilez la finesse de vos articulations. Portez des vêtements chic et sobres, de la lingerie fine. Optez pour une coiffure toute simple. Offrez-vous des massages suédois et perdez-vous dans la contemplation des tableaux de Georgia O'Keeffe. Courbez votre cou, long et fin, quand vous l'offrez

à ses baisers, et faites glisser vos doigts sur sa peau comme si vous caressiez délicatement un admirable cuir de Corinthe. Soyez le raffinement et un certain sens du luxe incarnés.

La sportive
(Sandra Bullock, Katharine Hepburn, Anna Kournikova)
Exhibez votre corps musclé. Les jeans et les tee-shirts que vous portez doivent être parfaitement coupés, afin de le mettre en valeur. Faites votre choix dans la large gamme du sportswear. Pensez à toutes les acrobaties que peut offrir un cinq à sept, inspirez à plein nez les phéromones de votre homme et laissez votre imagination s'enflammer... Faites-le rire, défiez-le en lui proposant un strip-billard et soyez athlétique sous la couette. Respirez la santé et la joie de vivre.

La volcanique
(Tina Turner, Jennifer Lopez, Maureen O'Hara)
Soulignez vos yeux, qui reflètent le feu qui brûle en vous. Portez de lourds bijoux, des vêtements moulants qui font ressortir vos formes, et beaucoup de rouge. Déhanchez-vous sur les musiques latines et n'oubliez pas d'aller repérer de temps en temps les nouveaux gadgets à la mode dans les sex-shops. Au lit, n'hésitez pas à crier, à haleter et à griffer comme une tigresse. Soyez passionnée, et votre feu intérieur embrasera tout ce qui vous entoure.

L'intellectuelle
(Helen Hunt, Mira Sorvino, Sharon Stone)
N'ayez pas peur de faire de votre regard le reflet de votre intelligence. Habillez-vous avec style, faites preuve de goût,

tout en sachant vous montrer parfois légèrement excentrique. Laissez-vous aller à fantasmer sur l'homme qui, devant vous, attend pour retirer de l'argent au distributeur. Enrichissez votre vocabulaire érotique. Citez le Kama-sutra. Cultivez une aura de mystère et de profondeur.

L'intrépide
(Sophia Loren, Janis Joplin, Jacqueline Bisset)
Jouez à fond de votre démarche féminine et de votre silhouette voluptueuse. Mettez des robes courtes, des talons aiguilles – ou marchez pieds nus – et dissimulez une guêpière sous la veste de votre tailleur. Léchez vos doigts après avoir mangé, laissez une goutte de vin perler au coin de vos lèvres et glisser jusqu'à votre décolleté... Créez un nid d'amour tout en fourrures et plumes d'autruche. Enivrez votre amant de regards brûlants et de promesses chuchotées. Faites-le chavirer au simple contact de votre peau. N'ayez pas honte de votre puissance !

L'indomptable
(Madonna, Mae West, Angelina Jolie)
Utilisez votre exubérance comme une arme. Portez du cuir et des porte-jarretelles. Jouez régulièrement avec votre armada de vibromasseurs et tournez vos propres vidéos érotiques. Faites-lui des propositions malhonnêtes en public, promettez-lui de l'attacher tout en vous amusant à mordiller son oreille. Toujours imprévisible, avec vous, le quotidien sent le soufre !

jouez-en, charmez-vous vous-même ! Essayez également d'autres styles, juste pour vous amuser, pour être imprévisible, pour être toutes les femmes. Vous vous rendrez bientôt compte de votre magie : les têtes vont tourner, des feux s'allumer ! Délectez-vous-en. Entretenez ce pouvoir chaque jour. Assumez-le pleinement. Parce qu'une femme capable de mettre le monde sens dessus dessous, avec pour seule arme sa féminité, est la créature la plus séduisante dont un homme puisse rêver.

Déployez votre séduction

En matière de séduction, les méthodes les plus simples sont les plus efficaces. Il vous suffit d'ajouter une touche de mystère, de beauté ou de danger à pratiquement n'importe quelle situation ou n'importe quel geste, pour devenir magique aux yeux de votre amant. Parce qu'en agissant ainsi, vous lui ouvrez la porte de mondes dont il n'a pas la clé. Quel que soit votre style, jouez-en pour bousculer légèrement sa réalité. Vous le verrez, il vous suivra sans aucune hésitation, envoûté par des charmes qu'il ne soupçonnait pas.

Rayonnez de beauté

Le pouvoir fascine les femmes ; la beauté captive les hommes. À vous de trouver ce qui fait que vous vous sentez belle, ce qui vous fait rayonner de l'intérieur. Si vous savez qui vous êtes, si vous vous aimez, vous serez la plus belle des femmes. Éclatante, au top de votre magnétisme sexuel.

1. Pour les Indiens d'Amérique, les femmes « portent les graines de la beauté », beauté au sens d'esthétisme, d'harmonie entre le corps et l'âme. Imprégnez-vous de cette certitude et, à votre tour, soyez une source de beauté dans sa vie, toujours apprêtée, parfumée. Mettez vos atouts en valeur, regardez-vous comme une œuvre d'art. Comme dans les anciens temples de l'amour, entourez votre amant de luxueux ornements – fleurs, bougies, parfums capiteux, musique, velours... Préparez des festins que vous servirez sur une table dressée avec soin. Romantisme assuré ! Lisez-lui les poèmes d'amour de Pablo Neruda. Tissez autour de lui une toile d'amour dont il ne voudra plus s'échapper...

2. Parsemez votre lit de pétales de fleurs et roulez-vous avec lui sur ce tapis doux et parfumé. Quand il prend son bain, éparpillez quelques pétales dans l'eau et... rejoignez-le !

3. Exhibez sans honte la beauté de vos zones érogènes : un maquillage couleur pêche et un peu de parfum dans le cou, du blush au niveau du décolleté, un rouge brillant sur vos seins, une fine chaîne en or autour de la taille et de la cheville, un petit tatouage au crayon sur vos pieds, une crème parfumée à la fraise sur vos lèvres intimes...

Allumez-le

La perspective d'une partie de jambes en l'air, et l'attente qui la précède, exciteront n'importe quel homme, même le plus invulnérable. Livrez-vous à quelques expériences pour trouver ce qui attise son désir et excitez-le pendant quelque temps… Faites-lui sentir votre petit côté pervers, complément idéal de votre pouvoir naturel de séduction.

4. Le regard peut être une arme redoutable. Quand vous sortez ensemble, ou si vous rencontrez un homme pour la première fois, fixez-le et ne lâchez plus son regard. Inclinez très légèrement la tête et passez la langue sur vos lèvres, jouez avec vos cheveux ou faites rouler votre verre de vin au coin de votre bouche, tout en plongeant vos yeux dans les siens. Il sera au comble de l'empressement… Mais contentez-vous de sourire sagement et engagez la conversation sur un tout autre sujet ; ou bien, éclipsez-vous pour vous repoudrer. Vous pouvez aussi prétexter un autre engagement et quitter la soirée.

5. Glissez dans un papier de soie la petite culotte en dentelle que vous portez et faites-lui parvenir ce cadeau très personnel au bureau. N'oubliez pas un petit mot d'accompagnement : « Je pense à toi… »

6. *Le flirt de sept jours.* Voilà une façon radicale de briser la routine d'une relation établie ! Pendant sept jours, ou plus, flirtez avec lui sans qu'il y ait jamais de contact entre vos corps nus. Embrassez-le passionnément, dansez ensemble, caressez ses cheveux, faites-vous des dîners en amoureux, pelotez ses fesses quand vous vous promenez, mais attention : pas de sexe ! S'il montre des signes d'impatience, souriez-lui gentiment et dites-lui que, s'il attend encore quelques jours, il aura droit à un traitement de faveur... Le septième soir, la tension sexuelle est à son zénith : récompensez-le avec quelque chose d'un petit peu exotique (vous trouverez des idées dans les chapitres 9 et 11).

7. Utilisez l'un des trucs de Carole Lombard pour réveiller l'imagination sexuelle de Clark Gable, dont elle fut la femme. Il paraît que la belle blonde avait déposé, dans le dressing de Gable, un fourreau tricoté de ses mains, accompagné de ce petit mot : « Garde-la bien au chaud. Qu'elle soit brûlante pour moi quand tu reviendras. »

Des caresses personnelles

L'amour ou le désir qu'un homme éprouve pour une femme sont moins liés à ce qu'il ressent pour elle qu'à l'image qu'elle lui renvoie de lui-même. S'il se sent puissant et unique entre vos bras, il sera votre esclave servile...

8. *Louanges.* Au lit comme ailleurs, Cléopâtre ne cessait de louer la sagesse, la valeur et la grandeur de César. « À part toi, le monde est rempli d'hommes médiocres », lui disait-elle. Pendant la journée, faites en sorte que votre amant se sente parfaitement bien et, la nuit venue, flattez son ego en le complimentant sur sa virilité, sa puissance et la manière dont il vous rend folle de désir.

9. *Une « laisse » érotique.* Cherchez et vous trouverez : tous les hommes ont un point émotionnel critique, une petite faiblesse qui les fait craquer. Peut-être aime-t-il que vous berciez sa tête sur vos genoux en lui caressant le front, que vous lui griffiez le dos pendant l'orgasme, ou que vous tétiez doucement son sexe jusqu'à ce qu'il s'endorme. Quand vous aurez découvert cela, il se sentira véritablement adoré et vous aurez créé un lien érotique entre vous. Il en redemandera sans même savoir pourquoi.

10. *Aimez son corps.* Son corps tout entier doit être pour vous un délicieux bonbon que vous mourez d'envie de sucer. Extasiez-vous devant lui. Quelle partie de son anatomie fait monter son désir au plus haut ? Une fois que vous l'aurez trouvée, concentrez toutes vos attentions sur cette zone jusqu'à ce qu'il n'en puisse plus. C'est votre territoire ! À l'inverse, savourez sans limites ce qui, en lui, vous excite terriblement : les muscles de sa poitrine, son petit cul à croquer ou son inépuisable dard. Il sera séduit par votre adoration, et vous serez emplie de désir pour lui.

Prenez la pose

Une séductrice est fière de son corps et sait que sa seule vision peut ensorceler un homme. Quel que soit votre atout principal – une belle crinière blonde, des seins laiteux ou un cou-de-pied parfait pour des talons aiguilles –, mettez-le en valeur et laissez son pouvoir réveiller vos instincts.

11. *Bras levés.* C'est une pose suggestive que l'on retrouve dans de très nombreuses représentations de déesses. Le fait de lever les bras signifie pouvoir et ouverture, sans compter que ce mouvement rehausse votre poitrine et la met en valeur. Souvenez-vous, vous avez certainement vu des dizaines de femmes dans cette position dans les magazines ou les calendriers de charme. C'est une attitude à la fois timide et impudique. Faites ce mouvement avec sensualité : par exemple, en sortant de votre bain, pour vous recoiffer, ou tout simplement lorsque vous vous étirez, à la manière d'un chat. Votre amant ne pourra qu'être sensible à cette soudaine onde de séduction si féminine…

12. *Jambes écartées.* En écartant vos jambes, c'est votre corps tout entier que vous ouvrez. Pour un homme, c'est une invitation dans ces mystérieuses profondeurs qu'il convoite depuis la nuit des temps. Grâce à ce simple mouvement, vous pouvez faire naître des frissons dans le corps de votre amant… et dans le vôtre. Concentrez toute votre énergie sur vos entrailles, pensez à la beauté de ce nid chaud et humide, et écartez lentement vos cuisses – c'est un acte qui vous confère un immense pouvoir, vous le savez. Devant la télé, nonchalante, offrez-lui une vue imprenable sur votre fente ; en sortant de la voiture, faites en sorte que son regard croise furtivement votre entrejambe ; ou asseyez-vous sur le bord du lit et ouvrez généreusement vos cuisses, en parfaite maîtrise de votre libido et de la sienne. C'est aussi simple que cela !

13. *Hanches souples.* De nombreuses cultures africaines considèrent que les hanches sont le plus puissant argument sexuel dont une femme dispose. On apprend aux jeunes filles à marcher en se déhanchant pour attirer les hommes. On leur apprend aussi la manière de les balancer pendant l'amour, afin de faire jouir leur partenaire. Alors ne vous contentez pas d'aller mécaniquement du point A au point B. Ondulez. Laissez ce sens intime du rythme diriger vos hanches et votre chatte, leur donner un mouvement tout en courbes qui proclame : « Je suis toutes les femmes ! » Pendant que votre amant vous besogne, le mouvement fluide et souple de vos hanches, libérées, créera un climat de désir démesuré.

L'ART DE SOULEVER VOTRE JUPE

Depuis des milliers d'années, l'entreprise de séduction passe par un geste identique : dévoiler une cuisse laiteuse, une fesse rebondie ou l'obscur mystère d'une toison. Aphrodite montrait ses fesses, les courtisanes de l'époque victorienne découvraient leurs chevilles, le french cancan imposait aux danseuses de soulever leur robe, Monroe a fait l'inoubliable expérience du courant d'air sous la jupe à travers la grille du métro, et les auto-stoppeuses du monde entier finissent par relever la leur pour qu'une voiture s'arrête. Si ça marche depuis tout ce temps-là, ne me dites pas que c'est le seul fait du hasard !

La jupe

Idéalement, vous choisirez un tissu léger et un peu transparent qui suggère les secrets qu'il recouvre ; quelque chose de moulant mais pas trop serré, pour faire ressortir vos formes ; une jupe courte qui pourrait, « par accident », révéler de votre anatomie plus que de raison ; une matière fluide qui se soulève à chaque pas, à chaque déhanchement ; une jupe largement fendue ; ou un tissu extensible, si vous pouvez vous le permettre. Vous vous interdirez catégoriquement : les jupes longues flottantes, dans un tissu un peu lourd (confortable mais anti-sexe !) ; les jupes de votre garde-robe professionnelle (ennuyeux !) ; les jupes avec lesquelles vous ne pouvez pas marcher (comment voulez-vous la soulever ?) ; et les jupes trop courtes (ne tombez pas dans le vulgaire…).

Les dessous

Point crucial ! Vous voulez dévoiler quelque chose qui soit agréable à regarder, non ? Une culotte en dentelle, qui semble facile à arracher, fera parfaitement l'affaire ; ou un ensemble sexy, porte-jarretelles et bas ; des bas avec jarretière en dentelle, sans culotte ; ou absolument rien ! Vos pieds peuvent être nus ou chaussés de talons aiguilles. Mais ne portez sous aucun prétexte collants, mi-bas et autres Birkenstocks !

Quel style ?

Façon auto-stoppeuse : dévoilez une cuisse en relevant votre jupe d'un seul côté. N'oubliez pas de lever le pouce !

Façon Sharon Stone : remontez sensuellement votre jupe des deux mains et asseyez-vous, les cuisses légèrement ouvertes. Croisez, décroisez, recroisez vos jambes. Repassez-vous la scène de Basic Instinct pour les répétitions.

Façon Aphrodite : dévoilez une fesse, cette fois en baissant votre jupe. Regardez-la par-dessus votre épaule, puis regardez-le. Ou d'un seul coup, laissez tomber votre jupe à vos pieds.

Façon french cancan : allumez-le en levant complètement, mais très rapidement, votre jupe. Devant ou derrière.

Façon Madonna : dans le film Body, le personnage incarné par Madonna se tient debout sur le capot d'une voiture, jambes écartées. En regardant Willem Dafoe droit dans les yeux, elle remonte lentement sa jupe au-dessus de son entrejambe, lève les bras au-dessus de sa tête et en silence, l'invite à la prendre.

Façon Lolita : vêtue d'une jupe courte, penchez-vous juste ce qu'il faut pour avoir l'air vicieuse, mais ne sombrez pas dans le vulgaire…

Façon tzigane : empoignez votre longue jupe par les côtés, relevez-la sur vos cuisses (le tissu doit recouvrir le devant de

> *vos jambes). Étirez une jambe sur le côté, dressez la hanche opposée et prenez un air sensuel.*
>
> *Façon Marilyn : vous avez certainement vu cette célèbre photo où Marilyn Monroe, les mains sur les cuisses, s'amuse à retenir sa jupe qu'un courant d'air fripon, au-dessus d'une grille de métro, tente de soulever. Si aucun courant d'air ne se fait votre allié, virevoltez gaiement pour créer le même effet. Souriez et prenez un air innocent.*
>
> *Façon message subliminal : chuchotez-lui ce que vous portez – ou pas – sous votre jupe... Cela devrait suffire à lui donner envie de la relever à votre place !*

14. *Posez comme une déesse.* Sur de nombreuses représentations anciennes, les déesses de l'amour ou de la fécondité ont des attitudes délibérément provocatrices. Inanna, par exemple, prend ses seins nus dans ses mains pour en accentuer la protubérance. En Inde, on représente les Dakini avec une main sur la hanche et l'autre cachant « pudiquement » leur sexe. Parvati, quant à elle, s'assoit d'une façon particulière : une jambe pliée, talon appuyé contre son mont de Vénus, tandis que l'autre jambe est gracieusement déployée. C'est ainsi que ces déesses faisaient naître la fièvre sexuelle dans leurs entrailles et autour d'elles. Imitez-les et vous vous sentirez habitée par ce même pouvoir magique de séduction.

15. *Posez devant l'objectif.* Prenez-vous en photo en petite tenue et/ou dans des poses suggestives. Collez-en une sur le miroir devant lequel il va se raser, glissez-en une autre dans son livre ou découpez-en une et envoyez-lui anonymement ce puzzle érotique par la poste.

16. *Posez devant la caméra.* Filmez-vous nue, en train de danser, de vous déshabiller ou de vous donner du plaisir jusqu'à l'orgasme. Offrez-lui un fauteuil confortable, un verre de vin et commencez la projection privée…

Soyez sexy

17. Faites en sorte qu'il émane de vous une aura de sensualité. On dit que si Marilyn créait un tel climat de sexualité, c'est parce qu'elle pensait en permanence au sexe, et qu'elle l'envisageait avec tous les hommes qu'elle pouvait rencontrer. Cultivez votre sensualité en laissant votre imagination fantasmer sur votre amant, sur le jardinier, sur les serveurs au restaurant… Vous serez la seule à le savoir ! Faites la vaisselle dans le plus simple appareil, caressez votre corps chaque jour. Regardez des photos érotiques et imaginez-vous dans la scène. Ne portez plus de culotte pendant une semaine. Ayez le sexe en tête et votre corps en dira long !

18. Quand vous sortez dîner, faites votre petit jeu de séduction en l'aidant à goûter le vin. Trempez un doigt dans son verre et caressez ses lèvres avec le doux élixir, en le regardant droit dans les yeux.

19. Prenez sa main dans la vôtre et embrassez longuement sa paume. Faites une pause, regardez-le d'un air entendu. Puis léchez la pulpe de sa main avant de la mordiller délicatement.

DES DONS EXCLUSIVEMENT FÉMININS

Lorsqu'on parvient à se débarrasser de ses propres barrières, les instincts naturels remontent à la surface. De même que la lune régit notre nature féminine, nous devenons les médiums de l'éternel féminin : un statut mystérieux, irrésistible aux yeux de bien des hommes.

Le don d'ouverture

Le fait de s'ouvrir est un acte de séduction éminemment féminin. Ouvrez votre chemisier. Ouvrez vos jambes. Ouvrez les yeux comme une invitation. Desserrez vos lèvres. Déployez les pétales de votre cœur. Mettez votre âme à nu. Que votre esprit devienne sauvage. Rendez votre corps entièrement disponible pour la puissante pénétration. Cette ouverture de soi, dont seule une femme est capable, est la clé de la suprême séduction.

Le don d'intuition

Que vous soyez naturellement intuitive ou pas, il n'est pas difficile de donner l'impression à votre amant que vous savez ce qu'il veut avant même qu'il en soit conscient. Lors d'une étreinte fougueuse ou d'un baiser passionné, imaginez que vous vous glissez dans sa peau. De là, vous pouvez sentir sans difficulté ce qu'il attend : un baiser très hot dans le cou, la caresse de vos seins sur son torse, ou vous montrer la puissance de ses coups de reins. Parfois, l'oreille de mon Apollon me paraît totalement irrésistible et j'ai l'impression qu'elle m'appelle. Je commence à la sucer et il la blottit contre mes lèvres. Je tente un mordillement : il tremble d'extase. Je réponds à son excitation en léchant goulûment toute son oreille. Alors que son corps entier se tend de désir, il est halluciné de constater à quel point je devine ses désirs secrets…

Le don de s'abandonner

Comme on peut s'abandonner au rythme d'une musique, ou se laisser envahir par la torpeur d'une après-midi paresseuse, cédez aux désirs de sensualité que peut provoquer un simple contact physique. Une femme qui dépose les armes devant l'emportement de sa passion primale exerce la plus puissante des forces d'attraction sur un homme.

Le don de faire rêver

Quand vous saisissez les rêves d'un homme, vous ensorcelez son cœur. Alors, pendant vos conversations sous la couette, demandez-lui à quoi il lui arrive de penser pendant la journée, où l'emmenaient ses divagations de petit garçon et quels fantasmes sexuels il n'a jamais réalisés. Amusez-vous à imaginer avec lui un scénario de livre d'aventures, ou de film érotique, dans lesquels vous auriez les rôles principaux. Quelques semaines après, vous toucherez la corde sensible en concrétisant, à sa grande surprise, l'un ou l'autre des fantasmes qu'il vous aura alors imprudemment dévoilés…

3

Les jeux de l'amour

> *« Ça peut être très utile, un nom. Toi, tu peux te sentir gênée de faire certaines choses un peu osées. Mais Mme X en est capable. »*
>
> (La femme d'expérience à son élève, dans le téléfilm L'Art de séduire)

Jeux, accessoires, déguisements et lieux incongrus : rien de tel pour faire tomber les barrières qui vous empêchent de vous abandonner à l'amour sans tabou. Mettez une jupe fendue jusqu'en haut de la cuisse, votre haut le plus moulant, des talons chancelants... et soudain vous ressemblez à une serveuse d'un bar de nuit à Pigalle, et vous vous *sentez* dans sa peau ! Amusez-vous avec un vibromasseur : il n'en faut pas plus pour que tous les délices de la pénétration vous fassent frémir d'avance. Et qu'y pouvez-vous si, pendant une partie de strip-backgammon, votre rage de gagner l'emporte sur le fair-play, et que vous prenez brusquement sa main pour la mettre entre vos cuisses ?

La diversité, la surprise et le danger sont excellents pour les hommes. Laissez l'adrénaline vous envahir, l'imprévu, le goût du risque réveiller votre libido, et vous emporter tous les deux dans l'effervescence de la transe amoureuse.

Le lieu, le lieu et encore le lieu !

20. *Cinq-à-sept à l'aéroport.* Il revient d'un voyage d'affaires ? Allez le chercher à l'aéroport en talons et trench-coat. Escortez-le jusqu'à la voiture qui vous attend. Vous en aurez choisi une dans laquelle les passagers et le chauffeur sont séparés par une cloison. Offrez-lui une coupe de champagne et ouvrez votre manteau, pour lui révéler votre nudité…

21. *Les dieux du stade.* Faites-lui la surprise de l'inviter à quelque événement sportif. Apportez un plaid et, pendant que la foule s'emporte dans les tribunes, taquinez sa batte de base-ball sous la couverture.

22. *Délices sur un banc public.* Après une nuit en discothèque, mon amant m'a emmenée faire une petite promenade dans un parc voisin. Je l'ai invité à s'asseoir sur un banc, dans un recoin particulièrement sombre. J'ai relevé ma jupe longue, sous laquelle je ne portais rien, et me suis assise sur ses genoux. Après avoir déboutonné son pantalon, je l'ai enfourché. Grâce à l'obscurité et aux ondoiements de ma jupe, notre petite séance d'aérobic restait secrète. Très excitant !

23. *Douche en duo.* Rejoignez-le sous la douche, vêtue d'une petite culotte en coton ou d'un caraco de soie. Le tissu mouillé colle à votre peau : effet sexy garanti !

24. *Bonhomme de neige.* À l'occasion d'une balade en montagne ou d'une après-midi de ski, entraînez-le dans la forêt, bloquez-le contre un arbre et offrez-lui une fellation gourmande. Passez un peu de neige sur son sexe pour qu'il apprécie le contraste. Ou alors, faites comme mon amie Barbara : déshabillez-vous et roulez-vous avec lui dans la neige. Un chaud-froid vivifiant !

25. *Transport amoureux.* Réservez un compartiment dans un train et créez une atmosphère romantique : un grand vin, des amuse-gueules, une rose pour sa boutonnière. Le balancement régulier et les vibrations du train souligneront le rythme passionné de vos étreintes.

26. *Terrain de base-ball.* Par un soir de pleine lune, mon amie Toni – qui n'a pas froid aux yeux – a entraîné son premier amant au beau milieu d'un terrain de base-ball désert. Je peux vous dire qu'après un pique-nique nocturne aux chandelles, elle l'a emmené bien plus loin que la première base…

27. *Capot, capote.* La prochaine fois qu'il passera son après-midi à briquer sa voiture, allez donc lui proposer votre aide. En petit tee-shirt blanc, asseyez-vous sur le capot et laissez l'eau couler sur votre poitrine. Gardez le tuyau d'arrosage entre vos deux corps pendant que vous faites des acrobaties sur la tôle glissante.

28. *Parterre de crème.* Protégez le sol d'un vestibule avec une bâche en plastique que vous recouvrirez de crème fouettée. Jetez-y votre amant et laissez-vous glisser avec volupté.

29. *Hall de théâtre.* Juste avant l'entracte, échappez-vous tous les deux dans le hall, juste derrière les portes battantes. Appuyés contre le mur, pantalon baissé et jupe relevée, vous êtes délicieusement en proie à la peur d'être découverts… Une situation profondément excitante et totalement inoubliable !

30. *Jeux aquatiques.* Faire l'amour dans une mer tropicale ou un lac boisé peut apporter une merveilleuse touche d'exotisme. L'eau vous met dans un délicieux état d'apesanteur. Le simple fait de faire glisser son prépuce d'avant en arrière ou d'écarter des

> ## UN PETIT COUP ET PUIS S'EN VA...
>
> *Quand on fait l'amour dans des endroits incongrus, il faut se résigner à faire une croix sur les préliminaires et s'efforcer de maîtriser l'art de la passion instantanée...*
> - *Quelques minutes avant, repensez à ce frisson qui vous emporte quand il lèche la pointe de vos seins. Votre cœur bat déjà...*
> - *Une fois dans le feu de l'action, ne vous embêtez pas à enlever vos vêtements : pas le temps, pas besoin, pas de problème.*
> - *Pour faire monter la fièvre, dégagez-vous rapidement juste avant qu'il ne vous pénètre : haletez, envoûtez-le, faites-le douter. Puis jetez-vous l'un sur l'autre comme des fauves affamés.*
> - *Un baiser langoureux, une caresse tendre, un murmure – « Je suis folle de toi » –, ou juste la brûlure du plaisir qui persiste au creux des reins : profitez de ces derniers instants volés !*

doigts la fente de son gland, alors qu'il est bercé par les vagues, peut vous entraîner sur un terrain très dangereux... Allongez-vous sur l'eau, écartez les jambes et pendant qu'il vous pénètre, laissez l'onde marine guider les va-et-vient de vos reins. Ou plus simplement, agrippez ses épaules et ses hanches, et enfourchez fiévreusement son gouvernail. Les piscines aussi peuvent être sources d'inspiration. Le rebord du bassin sera parfait pour maintenir votre équilibre pendant qu'il vous pénètre par-derrière.

Jeux érotiques

31. *À suivre…* Disposez des bougies allumées sur le sol, à l'entrée de votre chambre, près de la salle de bains ou sur les marches de l'escalier. Au bout de ce sentier lumineux, attendez-le, nue, sur un jeté de lit en poil de martre, dans un bain parfumé ou lascivement étendue le long du chemin.

32. *L'amour sur catalogue.* Procurez-vous un catalogue de call-girls, ou faites-en un vous-même. Présentez-le à votre amant, avec un paquet de billets de Monopoly, et expliquez-lui que ceux qui ont le pourboire facile ont droit à des extras…

33. *Chasse au trésor.* Un soir, j'ai négligemment laissé une de mes petites culottes en dentelle sur une marche de l'escalier, sachant que mon amant ne pourrait pas manquer de la voir en rentrant. En haut de l'escalier, quelques plumes d'autruche pointaient sans équivoque vers la cuisine. Depuis la porte de la cuisine, mon amant avait une vue imprenable sur mon soutien-gorge noir accroché sur la porte du réfrigérateur, dans lequel il a trouvé une bouteille de champagne et des fraises. Il a aussi découvert un message le mettant au défi de trouver un accessoire érotique et d'apporter tout cela à l'étage. Là, sur le chemin menant à la chambre, j'avais disposé des bas résille et une boîte de poudre de miel du Kama-sutra. Il me trouva finalement, étendue sur un tapis de fourrure, devant un grand miroir, avec pour tous vêtements une lanière de cuir et des talons aiguilles. La chasse au trésor était terminée, mais le jeu ne faisait que commencer…

34. *Strip-billard.* À chaque fois qu'une de vos boules tombe dans un trou, il doit enlever un vêtement. Et inversement. Le gagnant peut demander la petite gâterie de son choix avant la partie suivante. Au fur et à mesure du strip-tease, décorez la table et les queues de billard avec vos dessous. Portez des talons hauts, afin qu'il puisse contempler vos fesses lorsqu'un coup délicat vous oblige à vous pencher sur la table.

35. *Star du porno.* Ensemble, regardez un film X, et rejouez la scène la plus chaude.

36. *Sexy scrabble.* Faites une partie de Scrabble en vous limitant au vocabulaire sexuel et érotique. Une exception aux règles : lorsque vous complétez un mot déjà posé, vous avez le droit de former des phrases ou des expressions érotiques ; par exemple, vous pouvez ajouter « moi » à « suce », ou « nus » à « seins ». Le cas échéant, l'autre joueur doit s'exécuter…

37. *Dessert à volonté.* Recouvrez votre lit avec un rideau de douche et demandez à votre amant de s'y étendre, nu. Commencez par verser du chocolat chaud sur ses orteils et léchez-les délicatement, l'un après l'autre. Entourez ses tétons de crème fouettée, déposez-y une fraise et faites couler entre ses seins un filet de miel. Nappez son membre de sauce au chocolat et de poudre de noix de coco. Trempez-y les morceaux de banane que vous allez lui faire manger. N'oubliez pas, vous aussi, d'enduire vos seins et votre mont de Vénus de miel ou de chocolat. Vous lui offrirez peut-être ainsi un avant-goût de votre puits d'amour ?

38. *Le jeu des fantasmes.* Ayez toujours dans votre chambre une « boîte à idées », dans laquelle chacun de vous peut glisser de temps en temps un bout de papier, sur lequel il aura noté un fantasme érotique. Un soir où vous vous sentirez en proie à un violent désir, piochez au hasard, et donnez corps à l'un de ces fantasmes. Avec accessoires et déguisements si nécessaire. Au-delà du plaisir de dépasser un tabou, ce jeu vous mettra sur la voie de ses désirs les plus secrets… et il vous permettra de révéler les vôtres !

Des accessoires coquins

39. *Le siège suspendu.* Je n'ai jamais regretté le moindre centime que j'ai investi dans l'achat d'un siège suspendu. Aujourd'hui, vous trouvez des « Love Swings » dans tous les catalogues d'accessoires érotiques. Vous pouvez aussi utiliser un hamac, ou tout simplement attacher des draps à une branche d'arbre, comme on l'a fait en Orient pendant des siècles. Il se tient debout, vous vous installez sur le siège suspendu à hauteur de ses hanches. Vos jambes, tenues par les supports, sont largement ouvertes : sans le moindre effort physique – ou presque –, il peut vous faire aller et venir sur son sexe dressé : une sensation délicieuse pour l'un et l'autre. Et comme ce n'est pas du tout fatigant pour lui, il peut continuer ainsi pendant des heures. Vos mains sont libres pour toutes les caresses, et la stimulation du point G est idéale. Pour varier les plaisirs, votre partenaire peut s'asseoir sur une chaise classique : devant lui, vous vous offrez alors à sa bouche, sans pudeur. Ou alors, échangez vos positions : c'est lui qui se trouve maintenant dans le siège suspendu, et vous dirigez les mouvements de son sexe en vous. Vous voulez ajouter à ces plaisirs une touche de bondage ? Attachez ses poignets au support, au-dessus de sa tête. Comble de l'audace, continuez ces jeux, de nuit, sur la balançoire d'un jardin public.

40. *Effervescence.* Insérez un comprimé humide d'Alka-Seltzer dans votre vagin et invitez votre amant à venir en vous. Effet pétillant et dynamisant pour tous les deux !

41. *Parfums d'amour.* Selon une étude du Dr Alan R. Hirsch, directeur de la *Smell and Taste Treatment and Research Foundation*, une bouffée de lavande augmente de 40 % l'afflux de sang dans le sexe de l'homme ! Les odeurs de beignets, de réglisse et de tarte à la citrouille font également affluer le sang dans le pénis. Vite, en cuisine ! Le vétiver, le camphre, le bois de santal et l'ambre gris ont aussi la réputation de stimuler son membre et de le rendre plus puissant. Mettez quelques gouttes de ces arômes dans son bain, sur son oreiller, dans son mouchoir ou sur vos seins. Ne négligez pas l'effet que peuvent avoir aussi sur vous certains parfums : laissez-vous doucement griser par le musc, le patchouli ou le jasmin. Ce n'est pas pour rien que Cléopâtre faisait tremper ses voiles dans le parfum !

42. *Nappages.* À condition d'être comestible et suffisamment fluide, n'importe quelle substance peut parfaitement se prêter à vos jeux érotiques. Essayez par exemple le bleu d'Auvergne, un joli contraste avec votre grotte de corail ; la sauce salsa, pour rehausser la saveur de sa merguez ; de l'huile d'olive, pour une poitrine lustrée de catcheuse ; du beurre de cacahouète tiède ou de la confiture froide, sur des tétons en érection ; et une crème aigre-douce sur son adorable petit cul. Les potentialités gastronomiques n'auront de limites que celles de votre imagination !

43. *Repose-pieds.* Quoi de plus ordinaire qu'un repose-pieds ? Et pourtant, l'expérience peut se révéler divine. Asseyez-vous sur ce tabouret bas, et invitez votre amant à vous pénétrer dans la position du missionnaire. Vos pieds reposent sur ses épaules. Cette position lui donne un point de vue remarquable et permet une pénétration profonde ; votre point G fait alors l'objet d'une stimulation intense. Variante : mettez-vous à genoux sur le repose-pieds pour qu'il vous pénètre par-derrière. Cette position, au cours de laquelle votre amant est presque debout, lui confère une force de pénétration particulière.

44. *Cardamome.*
Il paraît que si vous en placez quelques graines sous votre langue avant d'embrasser votre amant, les chaînes invisibles du désir le lieront à vous.

45. *Rocking-chair.*
Évidemment, cet accessoire, à condition qu'il n'ait pas d'accoudoirs, vous offre de multiples possibilités. Mais il y en a une que j'apprécie particulièrement. Enfourchez-le alors qu'il est assis dans la chaise. Vos pieds à tous deux touchent le sol, et l'un de vous donne la première impulsion aux mouvements de hanches. Vos mains sont libres pour toutes les caresses.

46. *Chocolat.*
Cette « nourriture des dieux » contient une substance qui a la particularité d'activer les zones de plaisir du cerveau. Le simple fait de sentir le parfum du chocolat peut devenir grisant. Alors n'hésitez plus : frottez un esquimau au chocolat extra-noir sur votre corps – épaules, poignets, seins et lèvres intimes –, et offrez-vous à la dégustation gourmande de votre amant. Ou à l'inverse, enduisez-le de crème et léchez la moindre partie chocolatée de son corps.

N'oubliez pas le creux de ses reins, une zone très érogène chez l'homme.

47. *Banquette.* Dépourvues d'accoudoirs et de dossier, les banquettes se prêtent à de nombreuses acrobaties. Vous pouvez aussi utiliser deux repose-pieds, une chaise longue sans accoudoirs ou un banc rembourré. Faites-le s'allonger sur le dos et enjambez-le, en vous tenant face à lui. Lentement, venez vous empaler sur sa hampe dressée. Vos pieds, à plat sur le sol, apportent l'appui nécessaire aux mouvements de votre bassin. Pendant ce temps, vous pouvez caresser vos seins, vos cheveux ou le corps de votre amant. Variante : pivotez sur son sexe et offrez-lui le superbe spectacle de vos fesses et de votre chute de reins.

48. *Belle masquée.* Portez un masque au lit. Il émanera de vous une aura de mystère, de danger et de beauté licencieuse.

49. *Lotions et poudres.* Il existe de nombreuses huiles d'amour, souvent parfumées : vanille, framboise... Les huiles chauffantes, pour des massages très « hot », réagissent au souffle et au passage de la langue. Certaines d'entre elles, les plus épaisses, restent à la surface de la peau et créent une sensation de chaleur durable, jusqu'à ce qu'elles soient léchées par le partenaire. La poudre de miel du Kama-sutra, quant à elle, est entièrement composée de miel broyé et donc 100 %

FAITES-VOUS UNE TOILE !

Les films peuvent constituer de puissants stimuli de la passion. Au-delà des scènes les plus chaudes, soyez attentive à des détails, des choses simples que vous pourrez utiliser pour libérer la vamp qui est en vous.

Prenons quelques exemples :

LA FIÈVRE AU CORPS : *la robe longue rouge, moulante, de Kathleen Turner, largement fendue sur la cuisse.*

L'ANNÉE DE TOUS LES DANGERS : *Sigourney Weaver et Mel Gibson, trempés par la pluie.*

DUO À TROIS : *le vernis à ongles de Susan Sarandon.*

NEUF SEMAINES ET DEMIE : *Mickey Rourke et Kim Basinger, la scène des fraises dans le réfrigérateur.*

LA COURTISANE : *les gants de fourrure que l'on recherche.*

L'AFFAIRE THOMAS CROWN : *Steve McQueen et Faye Dunaway, avec les pièces du jeu d'échecs.*

NO WAY OUT : *Kevin Costner à l'arrière de la limousine.*

LE PATIENT ANGLAIS : *Ralph Fiennes, Kristin Scott-Thomas et un mur.*

BASIC INSTINCT : *Sharon Stone, cheveux tirés en arrière, regard insolent et jambes croisées.*

DE SI JOLIS CHEVAUX : *la cravache de Penelope Cruz.*

QUILLS, LA PLUME ET LE SANG : *le corset de Kate Winslet, et les livres sulfureux de Geoffrey Rush, alias le marquis de Sade.*

LES SORCIÈRES D'EASTWICK : *la possession diabolique.*

SUSIE ET LES BAKER BOYS : *la robe rouge moulante de Michelle Pfeiffer et un piano.*

naturelle ! Vous l'appliquez sur votre corps avec un petit plumeau. Sur la peau, cette poudre très fine fait l'effet d'une huile délicate. Les poudres sont parfaites pour rendre la peau plus douce et limiter certains frottements désagréables. Vous pouvez en fabriquer vous-même, en mélangeant par exemple de la maïzena avec de la vanille, des amandes ou tout autre aliment à votre goût. Appliquez-en sur l'intérieur des cuisses, sous les bras et sur tous les appendices proéminents…

La garde-robe : essentielle !

La manière dont vous vous habillez peut vous conférer un pouvoir et un sex-appeal particuliers. Le fait de porter tel vêtement changera votre façon de bouger, et vous ressentirez peut-être le plaisir secret d'endosser une seconde personnalité. Avec un décolleté plongeant, un pull-over en angora ou des bottes à talons hauts, vous serez tantôt suffocante, douce ou dominatrice. Autant d'expressions de vous-même…

50. *Porte-jarretelles.* Élu vêtement le plus excitant qu'une femme puisse porter par 80 % d'hommes, interrogés sur leurs préférences sexuelles, le porte-jarretelles est une arme fatale ! Si vous en portez un sous votre tailleur, vous marcherez différemment : vous vous sentirez plus féminine, plus séduisante, plus libertine. Et votre amant sera fou de désir lorsque vous paraderez devant lui, cuisses et buisson offerts à sa contemplation.

51. *Les fringues de votre mec.* Habillez-vous seulement d'une chemise de smoking, d'un caleçon, d'une cravate ou d'un chapeau : le contraste avec vos formes féminines accentuera vos charmes, et vous vous sentirez plus puissante. Testez la combinaison suivante : une de ses chemises et des bas jarretière.

52. *Des dessous assortis.* Selon de nombreuses call-girls, les hommes sont particulièrement excités par les dessous fins assortis. Le message est clair : « Je suis torride. Je le sais. Regarde-moi. » Les tons pêche ou rose donnent un éclat particulier à la peau : elle semble mûre pour les caresses !

53. *Corset.* Voilà une pièce de lingerie très « hot » : le corset à lacets. Ainsi vêtue, vous vous ferez l'effet d'une femme à la poitrine opulente et portée sur la chose... Et puis, la contrainte exercée par le corset fait affluer le sang là où il faut. Quant à votre amant, il n'aura qu'une envie : celle de vous libérer ! J'ai une amie dont le mari adore la regarder passer l'aspirateur dans son corset en cuir.

54. *Les pieds.* Entrez dans le lit avec, pour seul vêtement, des cuissardes en vinyle, des talons aiguilles, des santiags – chacun ses fantasmes –, ou n'importe quel modèle signé Manolo Blahnik.

55. *String.* Un jour, une femme m'a dit : « Je me suis comportée comme une parfaite putain, mais j'étais sous l'influence de mon string, et je me sentais sexy. » Ce ne sont pas des blagues ! Le string fait vibrer vos lèvres d'amour et captive l'esprit de votre amant. String, talons aiguilles et wonderbra : voilà la recette de la bombe atomique sexuelle !

56. *Guêpière.* Un soir où vous voulez l'envoûter, sortez de la salle de bains uniquement vêtue d'une guêpière : vous aurez l'air à la fois sage et irrésistible. Musardez autour de votre amant aux yeux exorbités, et agenouillez-vous avec arrogance sur ses lèvres.

57. *Défilé Victoria's Secret.* Commandez de la lingerie, puis demandez à votre amant de vous aider à choisir ce que vous allez garder et ce que vous allez rendre. Allumez quelques bougies, mettez une musique d'ambiance – par exemple, « Unforgettable » de Natalie et Nat King Cole –, offrez-lui un verre de vin et jouez au top-modèle. N'hésitez pas à passer vos mains sur votre corps, bougez lentement et souriez. On parie qu'il vous signe un chèque en blanc ?

L'ART DU DÉGUISEMENT

Le fait de se déguiser donne de l'assurance et la liberté de révéler une personnalité secrète. Une année, pour une soirée Halloween, mon amie Kate s'est déguisée en dominatrice. « J'avais l'impression d'être une déesse du sexe, m'a-t-elle confié. Je m'affichais avec audace, j'ai fouetté tout le monde, au comble de l'excitation, et j'ai ressenti des choses que je ne soupçonnais même pas en moi. » Les hommes, quant à eux, sont excités à l'idée de faire l'amour à une autre femme tout en vous restant fidèles.

Pas la peine de chercher des déguisements sophistiqués. Il suffit souvent d'un ou deux accessoires pour planter le décor. Une jupe plissée et une paire de socquettes blanches seront parfaites pour vous transformer en lolita sainte-nitouche, et donner à votre amant l'envie de vous déflorer. Avec des santiags et un bandana rouge, vous serez prête à le chevaucher ! Menez-le à la baguette et soumettez-le à vos ordres grâce au pouvoir magique d'une veste de treillis ou d'un casque militaire.

Laissez votre libido vous guider et imaginez de quelle manière vous pouvez incarner les personnages de vos fantasmes secrets :

- *princesse africaine*
- *Scarlett O'Hara*
- *soubrette*
- *déesse grecque*
- *nana de gangster*
- *pirate*
- *institutrice*
- *geisha*
- *vampire*
- *infirmière*
- *fétichiste*
- *Petit Chaperon rouge*
- *executive woman*
- *policière…*

Dirty dancing

Des vêtements sexy, une démarche chaloupée : c'est déjà plus que ne peuvent supporter la plupart des hommes ! Quel que soit le stimulus de la passion auquel vous aurez recours – un long collier de perles, un éventail en plumes, la musique de Ricky Lee Jones –, révélez la danseuse sensuelle qui est en vous, chaque fois que vous en avez l'occasion. Si vous ne vous sentez pas à l'aise, exercez-vous devant un ours en peluche : imaginez votre amant, les yeux emplis de désir, admirant vos mouvements. Souvenez-vous aussi des prêtresses de la Grèce antique, qui dansaient autour de phallus monolithiques, sous le regard des hommes, fascinés par le pouvoir qui émanait d'elles. Comme le disait avec sagesse la belle-fille de Pythagore : « Une femme qui se couche avec un homme devrait se débarrasser de sa modestie comme de son jupon. »

58. *Entrez dans la danse.* Préparez le décor : musique de Luther Vandross, bougies et champagne. Invitez votre amant à danser avec vous dans le salon. Serrez-vous contre lui et laissez vos mains glisser le long de son dos, jusqu'à ses fesses. Blottissez doucement votre bassin contre le sien. Continuez de danser tout en enlevant lentement votre chemisier, puis sa chemise, puis votre soutien-gorge. Caressez de vos seins sa poitrine nue. Poursuivez cet effeuillage, collés l'un à l'autre, et balancez-vous contre lui jusqu'à ce que son érection devienne intolérable.

59. *Flamenco.* Enfilez plusieurs jupes longues et jetez votre fougueux amant à terre. Debout, au-dessus de lui, déhanchez-vous et relevez vos jupes afin d'offrir à son regard, quelques secondes, votre écrin à bijoux. Penchez-vous de temps en temps, suffisamment bas pour qu'il ait le plaisir d'une caresse ou d'un coup de langue furtif. Vous pouvez pimenter cette danse en maquillant vos lèvres intimes d'un rouge intense – fard ou rouge à lèvres. Peut-être pouvez-vous même lui permettre d'assister à la séance de maquillage... Un numéro impudique et terriblement excitant !

60. *Salomé.* Faites brûler de l'encens parfumé au musc, drapez-vous de multiples foulards en soie et entamez la danse des sept voiles. Langoureusement, ôtez chaque foulard, l'un après l'autre : arborez-le d'abord entre vos bras tendus, au-dessus de votre tête, puis faites-le glisser sur votre visage, caressez-en vos seins et vos hanches, l'intérieur de vos cuisses enfin, avant de le jeter à la face de votre sultan.

61. *La fille en rouge.* Rien de tel qu'une robe moulante rouge, dans un tissu élastique si possible, pour révéler la vamp qui est en vous. Imaginez que vous faites un show sur le comptoir d'un bar devant une assemblée en délire, au comble du désir. Les yeux fixés sur un public captivé, vous relevez votre robe, juste assez pour tendre les jambes et vous accroupir aisément. Mon amie Claudia a fait ça en Thaïlande : son mari n'est pas près d'oublier cette scène ! « Je croyais que j'allais me faire tuer en défendant son honneur, m'a-t-il rapporté. Enfin, ç'aurait été une belle mort... »

62. *Lap-dance.* Comme dans les bars à entraîneuses, votre amant est assis sur une chaise pendant que vous vous pavanez autour de lui, en petite tenue. Voici l'occasion rêvée de vous sentir à mi-chemin entre une déesse et une putain. Interdiction pour lui de vous toucher, mais de votre côté, vous pouvez l'allumer à l'envi. Asseyez-vous sur ses genoux (il est habillé) et balancez vos hanches d'arrière en avant, en exhibant votre mont de Vénus, ou d'avant en arrière, mettant en valeur votre croupe. S'il essaye de se soulager en vous caressant, donnez-lui une petite tape sur les mains.

Objets de plaisir

Les objets destinés à donner du plaisir sensuel existent depuis des siècles, depuis les godemichés sculptés retrouvés dans les tombes égyptiennes jusqu'aux vibromasseurs imitant l'anatomie des stars du porno d'aujourd'hui. Grâce à ces extraordinaires stimuli de la passion, vous pourrez apporter du piquant, de l'inattendu à vos relations intimes, en faisant votre shopping ensemble, en vous laissant aller à imaginer toutes les nouvelles possibilités que ces objets vous offrent, ou en cachant l'un de vos nouveaux joujoux sexuels au fond du panier à pique-nique...

STRIP-TEASE

La plus belle description de strip-tease que je connaisse vient d'un livre d'Anaïs Nin, Vénus Erotica.

« Elle commençait par défaire ses cheveux et les secouer comme une crinière. Puis elle déboutonnait son manteau. Tout doucement, caressant le tissu. Son comportement était celui d'une femme qui désire souligner les courbes de son corps parfait, marquant sa satisfaction par de petites tapes. Sa sempiternelle robe noire collait à son corps comme une seconde peau et pouvait s'ouvrir aux endroits les plus inattendus. Un simple geste dégageait les épaules, faisant descendre la robe jusqu'à la naissance des seins, mais pas plus loin. Dans cette tenue, elle décidait soudain d'examiner un moment ses cils dans la glace. Elle faisait ensuite glisser la fermeture Éclair qui laissait entrevoir les premières rondeurs de sa poitrine, la courbe de sa taille. [...] [Elle] avait une façon à elle de se secouer, comme pour relâcher ses muscles, à la manière d'un chat au moment de bondir. Cet ébrouement, qui soulevait tout son corps, agitait ses seins comme si on les avait violemment malmenés. Alors, elle attrapait sa robe par l'ourlet et la soulevait très lentement pour l'enlever par le haut. Lorsqu'elle arrivait au niveau des épaules, elle s'arrêtait toujours un instant. Quelque chose s'était coincé dans ses cheveux. [...] Le corps qui émergeait soudain – complètement nu, les cheveux encore pris dans la robe, les jambes

légèrement écartées pour tenir en équilibre – les saisissait par sa sensualité, par sa plénitude et sa féminité. Elle avait encore ses jarretières noires, attachées très haut sur la jambe. Elle portait également des bas noirs, et par temps de pluie, des bottes de cuir, des bottes d'homme. Tandis qu'elle se débattait avec ses bottes, elle se trouvait tout à coup à la merci de celui qui aurait osé l'approcher. [...] Elle continuait à se débattre avec sa robe, se tordant en tous sens, comme secouée par des spasmes d'amour. Enfin, elle décidait de se libérer, quand les étudiants s'étaient bien régalés du spectacle. »

- *Souvenez-vous :* c'est l'attente *qui compte.*
- *Les mouvements-clés : cambrer le dos, tendre les doigts, passer les mains sur son corps, onduler tout en enlevant ses vêtements.*
- *Faites une pause de temps en temps pour capter son regard ; passez votre langue sur vos lèvres et envoyez-lui un baiser.*
- *Faites monter l'excitation en caressant vos seins, vos fesses et votre mont de Vénus.*
- *Offrez-lui votre soutien-gorge et votre culotte. Enroulez vos bas autour de son sexe en érection. Caressez-le avec la chaussure que vous venez d'enlever.*
- *Exposez votre corps comme si c'était une œuvre d'art.*

63. Mélange de technologie moderne et d'anciens plaisirs secrets, les bagues en latex ou en caoutchouc vous permettent à tous deux d'augmenter vos sensations. Un anneau enserrant légèrement la base du sexe de votre amant lui procurera une délicieuse sensation de contrainte, et une érection plus durable. Beaucoup de ces bagues sont ornées de protubérances qui stimulent son pénis et vos organes sexuels externes. Les modèles qui recouvrent plus largement son sexe sont généralement ornés de petites excroissances, ou parfois de plumes : pour vous, voilà d'exquises ondulations ; pour lui, l'impression d'un millier de petites langues s'occupant de sa queue. Essayez plusieurs de ces accessoires pour découvrir ce qui vous fait le plus d'effet.

64. À l'aide d'un vibromasseur, apprenez à votre amant le plaisir d'un massage sensuel. Faites des mouvements circulaires sur ses épaules, son dos, ses bras. Caressez-en lentement l'intérieur et l'arrière de ses cuisses. Alternez des mouvements très doux et plus violents. Entre-temps, offrez-lui vos baisers et quelques mordillements. Quand il est à point, occupez-vous de ses tétons et des zones sensibles autour de son sexe. Gardez le contact de votre peau sur la sienne : bouche, mains, seins, pubis. Avant de le laisser vous prendre, posez le vibromasseur et admirez comme il vous désire.

65. Quand il vous prend par-derrière, passez le vibromasseur sur vos cuisses, votre mont de Vénus ou votre clitoris. Les vibrations vous enflammeront, mais vous ne serez pas la seule à en profiter : à travers votre chair frémissante, son sexe en érection ressentira les frissons de ces caresses.

66. Pendant que vous lui faites une fellation, appliquez le vibromasseur sur votre joue.

67. D'une main, caressez ses testicules ; de l'autre, passez le vibromasseur le long de son périnée. Occupez-vous de son sexe avec votre bouche pendant que vous pétrissez la zone qui va du périnée au scrotum.

68. Enroulez votre petite culotte autour du vibromasseur ou de son dard, pour amortir les vibrations alors que vous appliquez votre jouet directement sur son sexe.

69. Passez délicatement le vibromasseur le long de l'arête inférieure de son sexe – une zone hypersensible – tandis que votre bouche taquine son gland.

70. Dans la position du missionnaire, glissez un vibromasseur entre vos bassins : les vibrations vous donneront de délicieux frissons !

4

PRÊTRESSE DE L'AMOUR

> « *Ici, dans ce corps, coulent les rivières sacrées ; ici, le soleil et la lune, et les lieux de pèlerinage. Je ne connais pas de temple plus sacré que mon corps.* »
>
> *Saraha Doha*

Dans l'ancien temps, les hommes éprouvaient un sentiment de respect mêlé de crainte devant les mystères ineffables du corps féminin : sa capacité à donner la vie, à sécréter le lait nourricier, son cycle menstruel rythmé par la lune, la magie de son pouvoir sur l'organe viril et son aptitude quasi infinie au plaisir sexuel. Chaque femme était respectée et vénérée, et les prêtresses de l'amour, au service de la grande déesse mère, étaient considérées comme ses incarnations. Elles avaient le pouvoir d'invoquer son amour, son extase et sa fertilité au travers d'actes sexuels sacrés.

Ces femmes connaissaient le pouvoir sacré de leur corps et en usaient sans complexes. Dans la Grèce antique, les courtisanes comptaient parmi les femmes les plus respectées. En Inde, on vouait un culte aux prostituées du temple, les « servantes de Dieu ». Et les « filles de joie » d'Ishtar, la divinité babylonienne – Inanna pour les Sumériens –, accordaient aux hommes les faveurs sexuelles de la déesse pour les porter à un état divin, et conférer aux rois de ce monde le légitime pouvoir de gouverner. De cette manière et de bien d'autres encore, tout le monde honorait la Grande Mère, qui avait fait don à ses enfants de la sexualité sacrée.

Nous pouvons reconquérir le mystère et le caractère sacré de notre sexualité en nous inspirant de ces femmes. Si nous regardons notre corps avec amour, si nous affirmons notre droit naturel au plaisir, alors nous commencerons à assumer cet héritage ancestral. Du moins, sous la couette, brandirons-nous une fois de plus notre pouvoir…

Le pouvoir du corps

Une femme qui aime son corps devient une redoutable amoureuse. Elle utilise ses atouts naturels – le galbe de ses hanches, son parfum musqué, sa capacité orgasmique et sa sensualité innée – pour exciter sa propre passion et pour combler son amant de délices. Le veinard !

71. *Se donner du plaisir : la clé pour en donner à l'autre.* Une déesse du sexe est une femme qui connaît parfaitement l'intimité de son corps, et qui en fait don à son amant. Prenez le temps de découvrir vous-même la sensibilité de vos seins, l'endroit où votre clitoris rejoint les lèvres et la manière dont il aime être caressé. Préférez-vous une puissante pénétration ou un lent va-et-vient ? Chaque jour, pendant une semaine, donnez-vous du plaisir jusqu'au point de non-retour et laissez-le exploser : votre séduction sera rayonnante, magnétique. Vous attiserez le feu dans les reins de votre amant si vous lui permettez de vous regarder et d'apprendre à vous connaître. Quand vous aurez pris conscience de ce que vos ardentes contractions peuvent provoquer chez un homme, à quel point vous êtes sexy quand vos seins se dressent et que votre bassin ondule, vous ressentirez au plus profond de vous l'extraordinaire pouvoir qui est entre vos mains ; et vous serez fière de l'utiliser.

72. *Sensualité 24 h/24.*

C'est par les sens que nous recevons la beauté et que nous donnons l'amour. Quand nous sommes davantage à leur écoute, nos passions sont plus fortes et nos actes d'amour, plus intenses. Appréciez le parfum d'un gardénia. Mangez une succulente figue. Portez de la soie. Regardez les variations de pigmentation que provoque l'excitation sur le corps de votre amant. Goûtez sa peau pendant l'amour. Enivrez-vous de l'odeur de vos corps. Si vous laissez vos sens s'épanouir, vous accéderez à un érotisme total et vous deviendrez un être d'une sensualité dévastatrice : excitante, inventive et instinctivement séductrice.

REVENDIQUEZ VOTRE ORGASME

À L'ORIGINE. *Le mot « orgasme » vient du grec orgân, qui signifie « bouillonner d'ardeur », et du sanscrit urg, « force, pouvoir ». Représentez-vous l'orgasme comme l'embrasement de votre corps, de vos émotions et de votre puissance féminine.*

POURQUOI C'EST IMPORTANT. *Vous pouvez le simuler, mais pourquoi vous en priver ? C'est très sexy d'oser dire que l'on veut et que l'on mérite un plaisir absolu. De plus, l'orgasme renforce l'instinct vital et entraîne la sécrétion d'oxytocine, une hormone qui augmente le désir. Et pour votre amant, rien n'est plus érotique que de savoir qu'il vous a menée jusqu'à l'extase.*

DÉCLENCHER L'ORGASME. *Bien que ce ne soit pas toujours facile, vous pouvez aider votre corps à atteindre l'orgasme en faisant en sorte de créer un afflux de sang et d'augmenter votre sensibilité au bon endroit :*

- *Haletez et imaginez que vous respirez à l'intérieur de votre vagin.*
- *Contractez vos fesses, en particulier les muscles anaux.*
- *Caressez votre clitoris, avec votre main ou celle de votre partenaire.*
- *Invitez-le à vous lécher.*
- *Contractez puis relâchez vos muscles pelviens.*
- *Poussez vigoureusement et maintenez la contraction quelques secondes.*
- *Debout ou agenouillée, faites travailler les muscles de vos cuisses en vous penchant vers l'arrière.*

> - *Prenez des positions qui facilitent une pénétration profonde et une stimulation intense du point G : à cheval sur votre partenaire, en levrette ou dans la position du missionnaire, avec un oreiller sous vos fesses.*
>
> *DE SI BEAUX DÉCIBELS. Votre amant saura-t-il à quel point il vous a comblée si vous ne lui en dites rien ? Gémissez, criez, rugissez d'extase ! Embrassez-le et remerciez-le de vous avoir offert le plus extraordinaire des orgasmes. N'hésitez pas à extérioriser votre plaisir avec emphase. Votre jouissance n'en sera que plus intense et il se sentira pleinement homme.*

73. *Une poitrine de déesse.* Le magazine *Playboy* et les restaurants Hooters ont fait fortune en pariant sur l'obsession des hommes pour la poitrine des femmes. Nous pouvons nous réapproprier cette dot par le pouvoir de nos orbes satinés. Pressez vos seins entre vos mains pour exhiber leur galbe. Laissez-le vous regarder... mais pas touche ! Gonflez-les, faites-les rouler dans le creux de vos mains. Votre passion s'éveille. Approchez-vous sensuellement de votre amant en continuant de caresser vos seins. Offrez enfin à sa bouche les fruits délicieux que son désir convoite.

74. *Fragrance féminine.* Le parfum naturel d'une femme est une part importante de son pouvoir magique. L'odeur de vos cheveux, de votre peau, de vos sécrétions intimes, des vêtements que vous avez portés, sont autant d'aphrodisiaques propres à déclencher des passions instinctives. Laissez traîner sur son oreiller le négligé de soie dans lequel vous avez fait l'amour la nuit dernière ; ou glissez-le dans son attaché-case. Enfouissez sa bouche et son nez dans vos cheveux (propres !). Comme vous le feriez avec quelques gouttes de parfum, appliquez votre jus d'amour entre vos seins brûlants.

75. *Le théâtre de l'esprit.* Quand des images érotiques enflamment votre esprit, la passion irradie de votre corps. Pour accroître votre désir et votre magnétisme, faites preuve d'une imagination plus riche, plus romantique ou, au contraire, torride et impudique. Dans l'ancienne tradition tantrique, les femmes imaginaient que leurs seins dardaient des rayons d'amour, et que la puissance féminine faisait palpiter leur clitoris, pareil à la flèche d'amour des hommes. Dans la Rome antique, les femmes déboursaient des fortunes pour se procurer des compresses pour le visage et des substances hypnotiques, préparées à partir de la sueur des gladiateurs. Au temps de la Grèce classique, les femmes se prenaient pour Aphrodite ou Hélène de Troie, détentrices d'une connaissance secrète et d'une irrésistible magie. Pour être la reine de votre imagination érotique, vous devez commander aux réactions de votre corps et de celui de votre partenaire.

Le pouvoir sacré de la vulve

Des peintures du paléolithique jusqu'aux sculptures du XIe siècle que l'on trouve en Inde et à Bali, des Sheela-Na-Gigs des églises d'Irlande et de Grande-Bretagne jusqu'aux représentations du sexe féminin découvertes dans des temples grecs, sibériens ou boliviens, la vulve fut, à de nombreuses époques, une icône religieuse universelle, représentant le plus saint de tous les mystères. Ses adorateurs voyaient en elle la porte sacrée de la vie, un havre béni pour le sexe de l'homme. En touchant ses représentations peintes ou sculptées dans la pierre, ils demandaient sa bénédiction et aspiraient à sa puissante fécondité.

Aujourd'hui, même si le symbole a perdu un peu de sa force, la vulve est toujours auréolée d'un pouvoir magique. Elle reste impressionnante. Elle sera toujours le pays le plus intime, celui dans lequel nous berçons l'enfant à venir et la virilité de nos amants. Elle est la source de notre mystère, la gardienne de notre féminité. Pour les hommes, c'est le Saint-Graal qu'ils n'ont de cesse de conquérir, mais ne peuvent jamais vraiment posséder. Si nous autres, femmes, nous mettons à vénérer nos propres entrailles et à croire aujourd'hui encore à leur magie, la relation que nous avons à notre corps et à nos amants en sera transformée.

76. *Prenez conscience de votre vagin.* Si vous avez de l'admiration et du respect pour votre vagin, vous serez surprise de constater comme vos sensations et l'attention de votre partenaire en seront aiguisées.

Entraînez-vous ! Plusieurs fois par jour, pensez à sa chaleur et à sa volupté, à la magie dont il rayonne. Faites quelques mouvements de danse du ventre devant un miroir, juste pour admirer et ressentir la féminité de votre fleur intime. Oubliez de porter une petite culotte pendant une bonne semaine et soyez attentive aux sensations provoquées par le souffle de l'air ou le frottement d'un tissu sur votre vulve. Quand vous êtes près de votre amant, souvenez-vous du mot du sexologue Jude Cotter : « Chez tous les mammifères, le mâle présente un grand intérêt pour le vagin. Il veut le voir, le toucher, le sentir, le goûter. » Vous le savez : faites en sorte que cela irradie de votre bas-ventre !

77. *Exhibez votre hibiscus.* Les hommes trouvent très érotique et très belle la vision d'une femme écartant de ses doigts les lèvres de son sexe. Peut-être est-ce parce que notre matrice cache un secret que personne ne comprend tout à fait. Si vous faites s'épanouir la fleur de votre sexe lorsque votre amant s'approche pour vous pénétrer ou vous embrasser, vous augmenterez la sensibilité de vos lèvres et de votre clitoris, tout en le rendant fou de désir.

78. *Muscles pelviens.* L'un des plus anciens arts pratiqués par les prêtresses de l'amour consistait à « traire » le Serpent arc-en-ciel de l'homme, à l'aide des muscles de leur vagin. Si vous vous entraînez à contracter vos muscles pelviens entre vingt-cinq et cinquante fois par jour, votre vagin aura bientôt la capacité de

préhension d'un boa constrictor, et l'appétit d'une tigresse en chaleur ; car le fait de contracter ces muscles stimule votre clitoris, gonfle votre tunnel d'amour et envoie au cerveau des influx nerveux très agréables. Avec un peu de pratique, vous pourrez peut-être parvenir à maîtriser un mouvement aussi célèbre qu'envié : la contraction successive des muscles de l'entrée du vagin, du groupe du milieu et des muscles proches de l'anus, dans une oscillation continue.

79. *Muscles pelviens, deuxième exercice.* Immobilisez son sexe entre les muscles de votre vagin le temps de trois battements de cœur. Serrez un peu plus fort et relâchez. Faites une pause de trois nouveaux battements de cœur et renouvelez l'opération. Au bout de quelques rounds, accélérez le rythme : deux battements de cœur, puis un, puis un pompage constant jusqu'à ce qu'il demande grâce.

80. *Le point G.* Pour les anciens sages de Rome, d'Inde, d'Égypte et de l'Orient, le point G était la source sacrée des pouvoirs magiques de la femme. Il est situé dans la paroi antérieure du vagin, à moins de cinq centimètres de la vulve, le long de l'urètre, juste au-dessus de l'os pubien. Explorez cette zone avec votre doigt : il sera légèrement enflé et donc plus facile à trouver si vous êtes excitée. Une fois que vous l'avez localisé, invitez votre amant à libérer les orgasmes océaniques de votre point G par d'insistants massages ou une pénétration bien placée, en levrette ou à califourchon sur lui. Le point G exige une longue stimulation, mais de nombreuses femmes disent qu'une fois cette zone réveillée, elles ont des orgasmes multiples, sentent leurs instincts primaires se libérer et ondulent des hanches presque involontairement. Mais ce ne sont pas seulement vos frémissements sauvages qui émerveilleront votre amant. Les prêtresses de l'amour le savaient bien : un orgasme du point G libère une onde extraordinaire qui donne aux amants le sentiment que la terre a non seulement tremblé, mais s'est ouverte pour faire naître un nouveau paradis.

81. *Le langage de la vulve.* Comme Baubo, une déesse dont les seins lui servaient à voir et la vulve à parler, vous pouvez transmettre et recevoir des messages par le biais de votre vagin. Concentrez toute votre attention sur votre bas-ventre et imaginez qu'il a les yeux et les oreilles de l'amour. Puis, mentalement, demandez au sexe dressé devant vous de vous révéler sa personnalité et ses envies. S'il dit : « Je suis beau et vaillant, et j'adore aller chasser au tréfonds de ton voluptueux vagin », alors accueillez-le comme un héros. S'il avoue : « J'aime tellement que tu me caresses avec tes ongles et tes dents », vous saurez exactement comment combler ses désirs secrets. Parlez à sa virilité avec votre vulve, et transmettez à travers elle toute votre passion à la peau sensible de son pénis. Vos messages érotiques l'envelopperont de frissons humides dont il ne sera jamais rassasié.

Le pouvoir de la position dominante

Les grandes déesses de l'Antiquité étaient très souvent représentées accroupies, cuisses ouvertes. Des statues montrent ainsi Isis robe relevée, assumant fièrement sa fonction de matrice vitale. On la voit aussi accroupie sur Osiris, son mari, pour resouder son phallus démembré. La déesse indienne Kali chevauche Shiva pour lui offrir le don d'illumination. Et de nombreuses représentations montrent Inanna, déesse de la fécondité chez les Sumériens, accroupie pendant le rituel sexuel qui doit renouveler la fertilité de ses terres.

Cette posture, que j'appelle le « siège sumérien », a le mérite de remettre les choses à leur place : c'est vous qui contrôlez votre plaisir pendant l'action. Alors que vous êtes dans votre rôle de dominatrice, votre partenaire a la liberté de se concentrer sur ses mouvements ou de se laisser aller à l'extase. Dans cette position, tout votre corps peut bouger librement, ce qui n'est pas le cas quand vous êtes agenouillée sur votre amant. Vos lèvres largement ouvertes et les muscles tendus de vos cuisses augmentent la sensibilité et la tension sexuelle de toute la zone génitale.

82. *Le siège sumérien.* Votre amant est allongé. Postez-vous fièrement au-dessus de lui pour qu'il se délecte d'une merveilleuse contre-plongée sur la beauté de votre corps. Donnez-lui un avant-goût de ce qui l'attend : déhanchez-vous, exhibez et caressez votre vulve, dites-lui à quel point elle brûle de désir pour lui. Lentement, accroupissez-vous et empalez-vous sur son sexe impatient. En vous appuyant sur vos jambes, bougez de bas en haut, d'avant en arrière ou faites des mouvements de bassin circulaires. Vos mains sont libres, profitez-en ! Caressez-vous les seins, les hanches, mais aussi son torse, ses cuisses et ses testicules. Vous pouvez prendre votre plaisir à fond : vous êtes en train de lui offrir le spectacle le plus érotique qui soit, et de rendre son chibre fou de désir.

83. *Le siège sumérien inversé.* Cette fois, debout au-dessus de lui mais de dos, il a une vue imprenable sur vos fesses. Caressez-les et, éventuellement, penchez-vous légèrement pour lui dévoiler le trésor qui se cache entre vos jambes. Baissez-vous lentement jusqu'à engloutir son sexe dressé et contractez plusieurs fois vos muscles pelviens. Faites de provocants mouvements de va-et-vient en prenant impulsion sur vos pieds et vos mains. Cette position permet une pénétration très profonde et une intense stimulation du point G.

84. *L'approche sumérienne.* Alors que vous voletez au-dessus de son dard, faites durer le désir en l'introduisant dans votre vagin petit à petit. Jouez de vos mains sur son torse, son ventre et son pénis. Vous pouvez même lui accorder un petit baiser prometteur. Puis saisissez-vous de sa baguette magique et faites-en glisser le bout tout le long de votre fente, en dessinant un petit cercle autour de votre clitoris. Introduisez seulement le gland et contractez les muscles pelviens. Puis dégagez-vous en vous redressant, et recommencez

à caresser son corps. La fois suivante, introduisez sa lance un peu plus profondément en vous, contractez votre bas-ventre plusieurs fois et retirez-vous à nouveau. Poursuivez ainsi votre douce torture, en vous laissant pénétrer toujours un peu plus jusqu'à finalement engloutir entièrement son sexe frémissant.

85. *Siège bloquant.*

Ses cuisses plaquées contre sa poitrine, enfourchez-le en calant vos genoux derrière les siens et en vous asseyant sur ses fesses. Ses mollets ceinturent votre torse tandis que vos mains, appuyées sur sa poitrine, donnent l'impulsion à vos mouvements de bassin, de bas en haut. Ses genoux sont bloqués entre vos avant-bras et vos jambes. Voilà un angle de pénétration très intéressant !

86. *La spirale des neuf.*

C'est une figure que les hommes utilisent depuis des siècles pour enflammer leurs partenaires. Mais cette fois, c'est vous qui menez la danse, à califourchon sur son chibre. Variez le tempo de vos va-et-vient : après trois pénétrations peu profondes, engloutissez goulûment son sexe. Puis cinq pénétrations légères et une sixième très profonde. Puis sept légères et une très profonde ; et enfin neuf légères et une dixième très profonde. Conservez ce rythme 9-1 jusqu'à ce que l'un de vous atteigne le nirvana, et ne vous privez pas de crier votre extase à chaque fois que son sexe plonge au plus profond de vous.

87. *Le trône d'Inanna.* Demandez à votre amant de s'asseoir sur un siège et montez-y à votre tour, vos pieds à l'extérieur de ses cuisses. Accroupissez-vous lentement. Au passage, vous pouvez offrir votre moule à sa bouche avant de vous empaler profondément sur son manche. Le temps de quelques mouvements de bassin, embrassez-le et mordillez ses lèvres. Puis agrippez-vous aux accoudoirs pour chevaucher fiévreusement son sceptre.

88. *Le trône d'Inanna inversé.* Cette fois, il est assis sur une chaise sans accoudoirs et vous, debout de dos devant lui. Empalez-vous sur lui et resserrez vos jambes sur l'extérieur de ses cuisses. Dans cette position, vous pouvez :

- faire des mouvements de haut en bas, en prenant appui sur le sol avec vos pieds, et sur ses cuisses avec vos mains. Quant à lui, il vous donne un coup de pouce en prenant vos fesses entre ses mains ;
- vous cambrer et prendre sa nuque entre vos mains, pour lui permettre de donner libre cours à ses caresses sur vos seins et votre vulve ;
- titiller ses testicules ou votre bouton d'amour, tout en le chevauchant ;
- vous pencher vers le sol et, agrippée à ses chevilles, faire des mouvements d'avant en arrière. Belle profondeur de pénétration et exquise stimulation du point G.

89. *La révélation d'Isis.* Demandez à votre amant de s'asseoir par terre, sur un coussin bien rebondi. Jambes repliées, ses talons touchent ses fesses et ses mains prennent appui sur le sol. Placez-vous à califourchon sur lui, au niveau de ses hanches. Penchez-vous en arrière et appuyez vos mains sur le sol derrière vous. Maintenant, vous pouvez bouger en avant et en arrière, ou relever votre bassin bien haut et vous laisser retomber sur sa lance. Cette position permet une superbe stimulation du point G et offre à votre partenaire une magnifique vue sur votre chatte et votre poitrine agitée.

90. *L'union des singes.* Votre amant est allongé sur le dos, genoux repliés contre la poitrine. De dos, empalez-vous sur sa lance dressée en vous appuyant sur ses fesses et l'arrière de ses cuisses. Vous donnerez de l'impulsion aux mouvements de votre bassin en posant vos mains sur le rebord du lit ou, penchée en arrière, en agrippant les bras de votre partenaire. Une variante consiste pour lui à appuyer ses pieds sur vos épaules. Le frottement de vos fesses et l'angle très particulier de la pénétration vous donneront à tous deux des sensations inconnues jusque-là !

5

SACRÉES POSITIONS

> « *Une relation sexuelle est avant tout une expérience non pas personnelle, mais divine, à travers l'union de deux personnes. Le partenaire cesse d'être la personnalité consciente que nous connaissons, il nous ouvre les portes de l'infini mystère de la vie.* »
>
> *Eleanor Bertine*

Même inconsciemment, les hommes aiment croire que le corps des femmes renferme une sorte de secret qui, une fois découvert, leur révélera le sens de leur vie. Et, bien sûr, ils ont raison. En invitant votre amant dans votre corps, vous lui ouvrez littéralement les portes du paradis. Pendant l'amour, vous devenez la Gardienne des clés, un guide vers un royaume de ravissement et de mystère qu'il ne saurait découvrir seul. C'est une contrée dans laquelle la pénétration devient révélation, où le coup de rein devient embrasement rituel et où les positions sexuelles sont des attitudes qui engendrent l'extase.

Heureusement, pas besoin d'être contorsionniste pour cela : le simple fait d'ouvrir les jambes, pour peu que vous le fassiez de manière opportune, peut tout à coup faire monter la fièvre ! Alors ne vous contentez pas de le laisser vous pénétrer ; enveloppez-le dans une étreinte aphrodisiaque, engouffrez sa virilité dans votre puits brûlant, offrez-lui les secrets de votre parfum. Tout comme la lune, votre corps empli de mystères a le pouvoir de rendre fou l'homme dans le ciel duquel il scintille. Utilisez-le pour façonner d'irrésistibles monuments de désir.

Ouvrez les portes du paradis

91. Faites en sorte qu'en entrant dans votre corps, il ait le sentiment de fouler le seuil d'un temple. Expirez profondément puis inhalez et contractez vos muscles pelviens au moment où sa lance vous pénètre : il se sentira inexorablement aspiré par votre gouffre de velours. À l'inverse, en contractant d'abord vos muscles pelviens et en les relâchant au moment de la pénétration, il aura l'impression que vos entrailles s'épanouissent avec volupté pour l'accueillir.

92. Guidez sa hampe à mi-chemin dans votre sanctuaire, mais empêchez-le d'aller plus loin en maintenant vos mains sur son bassin. Alors qu'il commence ses coups de boutoir, enlevez tout à coup vos mains afin qu'il plonge sans s'y attendre dans votre grotte humide et profonde.

93. Imaginez que votre vagin est une bouche ardente honorant le sexe de votre amant : naturellement, vos hanches se mettent à bouger plus sensuellement, les muscles de votre vagin caressent et aspirent sa queue… Vous êtes en train d'exciter sa véritable virilité et il le sent !

94. Pendant que son membre lime votre puits d'amour, placez vos doigts à sa base. En tendant la peau à cet endroit de son sexe, vous le rendrez terriblement plus sensible.

La magie du missionnaire

95. *Un missionnaire impertinent.* Exhibez-vous devant lui, jambes largement écartées. Alors qu'il vous reluque et s'apprête à vous prendre dans la position du missionnaire, écartez encore davantage les jambes et relevez votre bassin. L'extension et l'angle de pénétration exposent merveilleusement votre clitoris et vos petites lèvres à ses coups de boutoir.

96. *Cœur croisé.* Dans la position du missionnaire classique, ramenez vos genoux jusqu'à vos épaules, croisez les chevilles et appuyez vos pieds contre sa poitrine. Cela augmente la stimulation de votre point G, et vos pieds excitent les « hormones d'amour » dans la zone de son cœur. Si vous le pouvez, croisez les chevilles au niveau de son ventre pour soutenir son poids : cette pression supplémentaire sur vos organes génitaux vous mènera tous deux à des moments d'exaltation !

97. *Un missionnaire zélé.*

Vos jambes repliées derrière le haut de son dos, entourez sa nuque avec vos bras et glissez-lui à l'oreille : « Chéri, reste immobile pendant un moment. » Puis, à la force de vos bras, remuez votre bassin autour de son pivot, d'avant en arrière et en rond.

98. *L'étau du missionnaire.*

Vous êtes dans la position du missionnaire, vos genoux contre ses épaules. Contractez vos jambes et ramenez-les vers votre poitrine. En croisant les mollets, vous allez resserrer vos lèvres vaginales autour de son membre.

99. *Façon Elvis 1.*

Placez-vous sur le lit de manière à pouvoir appuyer vos pieds contre un mur, jambes pliées. Il s'agenouille dans la position du missionnaire. Comme tout votre poids est supporté par vos pieds, sur le mur, et vos épaules, sur le lit, votre bassin est en apesanteur et vous pouvez pivoter, tournoyer, vous déhancher comme le King lui-même n'aurait jamais osé le faire. Comme ce mouvement très libre reproduit l'onde d'énergie qui parcourt votre corps pendant l'orgasme, vous contribuez à construire la tension physique qui va vous y mener.

100. *Façon Elvis 2.* Allongez seulement votre dos sur le rebord du lit : vos fesses dépassent du lit et vos pieds reposent sur le sol, vous servant d'appui. Votre partenaire s'agenouille entre vos jambes écartées. Vous pouvez bouger votre bassin de manière effrénée autour de son sexe dans un total abandon.

101. *Façon Elvis 3.* Asseyez-vous sur une table ou un bureau près d'un mur, les fesses tout au bord du plateau, les pieds appuyés sur le mur, bien écartés. Invitez votre amant entre vos jambes et laissez-le pousser la porte du paradis. Vous pouvez tous deux bouger librement, et vos mains sont disponibles pour toutes les caresses. Votre point G est en parfaite ligne de mire pour un délicieux embrasement.

102. *Chevilles ouvrières.* C'est mon amie Camille qui m'a parlé de cette figure comme étant l'une des chevauchées les plus fantastiques de sa vie. Et après avoir moi-même essayé, je suis bien de son avis ! Dans la position du missionnaire, relevez les cuisses pour placer vos jambes contre les épaules de votre amant. Il se redresse sur ses genoux, rehaussant ainsi votre bassin. Vos jambes sont désormais tendues, vos pieds contre ses épaules. Il saisit vos chevilles et, s'en servant comme de marteaux, vous fait aller et venir sur son gros clou.

Sur le côté

103. *Sainte-nitouche.* Vous êtes allongée sur le côté, dans la position du fœtus. Il s'agenouille derrière vous et introduit son membre intrépide entre vos cuisses, sans que vous écartiez les jambes. Ses assauts stimulent de nouvelles zones de votre tunnel d'amour. Vous pouvez lui lancer quelques regards timides de côté. Pour lui, le spectacle et cette prise serrée sont délicieux.

104. *Jambe en l'air.* Allongez-vous sur le côté, l'un en face de l'autre. Glissez votre jambe d'appui entre ses cuisses, tandis que l'autre jambe repose sur son épaule. Il peut vous faire aller et venir puissamment sur son membre en prenant votre cheville d'une main et votre croupe de l'autre, tandis que vous l'aidez en levant et baissant votre cuisse. Génial contre la graisse superflue !

105. *Ceinturé.* Vous êtes allongés sur le côté, face à face. Passez vos jambes autour de sa taille : la pénétration est bien plus profonde et votre plaisir redouble.

106. *Ciseaux.* Imaginez deux paires de ciseaux encastrées l'une dans l'autre. Si chacun de vous s'appuie sur l'un de ses avant-bras, vous pouvez à la fois atteindre l'intérieur des cuisses et le sexe de votre partenaire, et vous regarder droit dans les yeux. Le mouvement consiste à bouger les hanches et à serrer vos énergiques muscles pelviens. Cette position est si relax que vous pouvez rester ainsi des heures. Vous pouvez même vous préparer un petit repas sexy ou vous lire des poésies d'amour, enchevêtrés l'un dans l'autre.

Standing ovation

107. *Une position lambda.* Asseyez-vous sur le bord du lit ou d'une chaise et faites venir votre amant entre vos jambes. Serrez les cuisses autour de sa taille, ou même de sa poitrine, et allongez-vous : vos épaules supportent votre poids. Demandez-lui de caresser vos fesses, cambrez-vous et activez-vous sur son appendice dressé. Il va adorer cette prise qui lui offre en bonus le spectacle très sexy de vos ondulations.

108. *Tarzan et Jane.* Repérez quelque chose de solide, placé en hauteur, auquel vous suspendre : l'encadrement de la porte, une branche d'arbre, un portemanteau, etc. Rapprochez-vous l'un de l'autre, accrochez-vous au support que vous aurez choisi : vos bassins tendus peuvent alors s'encastrer. Voilà une partie de jambes en l'air qui mérite bien son nom !

109. *Le poirier de Zambie.* Les Zambiens les plus experts en matière sexuelle font l'éloge de cette position, qui permet une pénétration particulièrement profonde. Commencez par faire le poirier et laissez retomber vos jambes en arrière jusqu'à ce que vos pieds touchent le sol, ou le lit. Le poids de votre corps se reporte sur les épaules, les avant-bras et les orteils. Votre écrin à bijoux est exposé avec une audace exquise. Votre amant, à genoux entre vos cuisses, plonge son chibre dans votre puits d'amour. Dans cette position, le simple fait d'onduler du bassin provoque la contraction de vos muscles pelviens. Les muscles de vos cuisses sont étirés, ce qui augmente la virulence de vos contractions pendant l'orgasme.

Par-derrière

110. *« Miroir, mon beau miroir »…* La complicité d'un face-à-face vous manque quand vous offrez votre croupe à ses appétits ? Il vous suffit de vous placer devant un grand miroir pour ne pas manquer la moindre miette de l'action. Quant à votre partenaire, il pourra contempler votre extase et il n'y aura plus d'obstacles à vos regards fougueux.

111. *Sit-in.* Débutez les réjouissances en levrette, puis poussez-le en arrière, vers le bas, pour le forcer à s'accroupir sur ses talons ; il maintiendra son équilibre en posant ses mains derrière son dos, sur le lit. De cette manière, vous vous retrouvez en quelque sorte blottie contre son membre, et vous pouvez alors bouger d'avant en arrière, en vous allongeant un peu plus, vos mains sur le lit. Ou alors, redressez le torse et pompez ardemment. La tension dans ses cuisses démultiplie ses sensations et le flux d'énergie qui inonde son sexe.

112. *Offrande.*

Choisissez un siège aux larges accoudoirs, recouvert d'un tissu doux. Un genou sur chaque accoudoir, appuyez-vous sur le dossier. Vos jambes largement écartées, vos fesses rondes et crémeuses juste à la bonne hauteur pour ses coups de queue, vos hanches prêtes à tanguer... Entre nous, comment pourrait-il résister à la tentation ?

113. *Une main innocente.*

Pour ajouter un peu de piquant à la pénétration par-derrière, glissez une main juste au-dessus de votre mont de Vénus, tout en bas de votre ventre, et massez. Il va ressentir davantage de pression sur son sexe. Puis placez l'intersection de deux doigts en V sur votre clitoris, les doigts eux-mêmes recouvrant vos lèvres. Appuyez, pétrissez, caressez votre vulve autour de sa queue rigide au rythme des mouvements de votre bassin.

114. *Esclave sexuel.*

Mettez-vous dans la peau de la soubrette prise par son maître : vous allez en récolter les fruits ! À genoux, joignez les mains derrière la nuque et plaquez votre visage et votre poitrine contre le lit. Puis engouffrez profondément son manche en serrant les jambes autour de ses cuisses. Vous pouvez l'implorer, comme Annette Bening dans *American Beauty* : « Baisez-moi, Sa Majesté ! »

QUELQUES TECHNIQUES
POUR MIEUX EN PROFITER

- *CONTRÔLEZ VOTRE RESPIRATION.* Il atteint l'orgasme avant vous ? Respirez plus rapidement pendant l'action, vous augmenterez votre excitation sexuelle. De son côté, s'il respire lentement et profondément, il va retarder l'orgasme et vous serez peut-être bien en rythme, pour une fois !

- *PRESSÉ ? PRESSEZ !* Pour retarder un peu l'éjaculation et prolonger votre plaisir à tous les deux, essayez une de ces méthodes : entourez délicatement la zone au-dessus des testicules, et tirez doucement vers le bas ; attendez dix à trente secondes ; avec deux doigts, appuyez fermement sur le périnée le temps de dix inspirations environ ; pressez fermement son membre, juste sous le gland ou à sa base. Cette troisième technique est la plus infaillible, mais les deux premières présentent l'avantage de pouvoir se pratiquer pendant la pénétration. Et puis, comme toujours, ce qui marche avec l'un ne marche pas forcément avec l'autre...

- *COUVREZ-LE !* Si c'est vous qui lui mettez son préservatif, ça devient un plaisir et non plus une corvée. Mettez une bonne dose de lubrifiant, à base d'eau, au bout de la capote, et étirez un peu le bord. Placez ensuite la capote d'une main sur son sexe ; de l'autre, caressez toute sa hampe jusqu'à ce qu'il bande fermement. Pendant que son sexe gonfle, encerclez la capote avec vos doigts et déroulez-la entièrement sur sa hampe, en prenant soin de bien laisser le réservoir dégagé.

Toujours plus

115. Le meilleur moyen de refaire bander un homme, c'est – vous l'aurez deviné – une ardente fellation. Petit bonus : juste avant, essuyez son sexe avec un gant tiède. Mais la plupart des hommes réagissent également aux baisers et aux caresses sur tout leur corps, notamment les tétons. C'est comme si, après toute cette intense activité, leur corps finissait par devenir hypersensible. Parfois, c'est aussi en vous voyant vous masturber que votre partenaire aura une nouvelle érection. Laissez-le reprendre des forces pendant quelques minutes, et blottissez-vous contre lui en lui susurrant des mots doux. Tentez une caresse par-ci, un baiser par-là, et soyez attentive à la moindre réaction. S'il lui reste un peu d'énergie, il ne devrait pas tarder à vous faire sentir qu'il est ravi d'avoir une maîtresse si insatiable !

116. Voilà un truc qu'utilisent les professionnelles, et qui marche si vous êtes à califourchon sur votre amant. Quand il commence à débander, redressez-vous de manière à ne garder bien au chaud que le bout de son membre rassasié. Caressez ses cuisses et son ventre d'une main ; de l'autre, massez de haut en bas et en rond la peau relâchée de sa verge jusqu'à ce qu'elle montre à nouveau signe de vie.

6

ADORABLE PHALLUS

> *« Comme le pommier*
> *parmi les arbres d'un verger,*
> *ainsi mon bien-aimé*
> *parmi les jeunes hommes.*
> *À son ombre désirée je me suis assise,*
> *et son fruit est doux à mon palais. »*
>
> Le Cantique des Cantiques

Première partie : la tradition orale

La taille de mon premier est une question qui obsède tous les mecs. Avec mon deuxième, ils font des concours à celui qui pisse le plus loin. Mon troisième a le pouvoir de leur faire perdre toute raison. Mon tout ? Sexe, sexe et sexe ! La lance d'Éros, la foudre de Shiva… Une torche ardente que vos lèvres et votre chatte sont seules à pouvoir éteindre. Contre laquelle aimeriez-vous vous blottir, ce soir ? Laquelle va vous faire monter au septième ciel ?

En bonne magicienne de l'amour, vous êtes capable d'apprivoiser le bien le plus précieux de votre amant. Le secret pour vraiment réussir une fellation – et pour en raffoler –, c'est d'adorer son sceptre doré. Stimulus de la passion par excellence, rien n'exprime davantage de puissance, de virilité, de force vitale que le sexe d'un homme. Laissez-vous ébahir par lui. Adorez-le, caressez-le, donnez-lui des petits noms, convoitez-le comme si c'était un délicieux chocolat belge. Vos lèvres et votre langue inventeront de nouvelles caresses, guidées par le désir. Vous allez le rendre fou.

> **Secret n° 1 :** *contrairement aux femmes, pour qui la sexualité est une affaire au moins aussi émotionnelle que physique, impliquant tout le corps, l'homme est centré sur son pénis. C'est la clé de son plaisir. Le fait de le sucer va créer un lien très fort entre vous.*
>
> **Secret n° 2 :** *si vous commencez par son pénis, avant même d'avoir accordé à votre partenaire le moindre baiser, vous pourrez ensuite vous occuper du reste de son corps pour l'amener peu à peu à un érotisme total.*
>
> **Secret n° 3 :** *mettez-y de l'enthousiasme ! Que disent les hommes ? « C'était génial, elle adore ça ! » CQFD.*
>
> **Secret n° 4 :** *vous n'êtes pas fanatique de la fellation ? Dites-vous que vous recevez son sexe, et non que vous lui faites une fellation. Concentrez-vous sur vos sensations. Quand vous avez son sexe en bouche, gonflé comme un fruit mûr, apprenez à apprécier son goût unique et la douceur de sa peau sur votre langue.*

117. Les mots sont de très puissants aphrodisiaques. Le sexe de votre amant est un bon sujet de conversation ! Plusieurs fois par jour, dites-lui que vous le trouvez beau, qu'il vous excite, que vous adorez le sucer. Sans avoir encore rien fait, vous avez déjà réussi à l'échauffer… et à vous échauffer aussi !

118. Approchez-vous de son sexe alors qu'il est encore bien sage et tout paisible. Commencez par en lécher le bout, très doucement, comme une petite chatte. Il commence à se raidir. Prenez-le dans votre bouche et sucez-le délicatement, juste avec vos lèvres. Puis aspirez ; cela crée une pression irrésistible sur le gland. Quand il bande complètement, sucez toute la longueur de sa hampe comme un délicieux sucre d'orge.

119. Commencez à lécher sa queue avant même qu'il ne se déshabille. Agenouillez-vous et faites-lui sentir votre souffle tiède. Léchez son sexe de haut en bas à travers l'étoffe. Un homme m'a dit qu'il n'avait jamais rien connu de plus excitant !

120. *Charmeuse de serpents.* Votre façon de vous placer est très importante. Les hommes adorent mater, alors faites en sorte que votre partenaire puisse voir son gros serpent danser dans et hors de votre bouche. Dans *Derrière la porte verte*, un classique du cinéma porno, Marilyn Chambers ajoute une petite touche d'érotisme à l'exercice : à chaque succion, tout son corps nu ondule sous une vague de plaisir. Vraiment magnifique !

121. *Le trône royal.* Entassez plusieurs oreillers sous votre nuque pour relever votre tête. Faites-le s'agenouiller à califourchon au niveau de votre poitrine et occupez-vous de son chibre. Ou alors, allongez-vous complètement et demandez-lui de se pencher au-dessus de vos lèvres. Il peut s'appuyer sur ses avant-bras.

122. *La nonne tantrique.* Selon le Tantra, l'orgasme est plus violent lorsqu'on a la tête dans le vide. Positionnez votre amant pour que le haut de son torse dépasse du bord du lit. Venez vous agenouiller au-dessus de sa bouche, s'il veut participer, et penchez-vous en avant pour dévorer son sceptre sacré.

123. *Dominatrice.* Écartez les bras et les jambes de votre amant allongé au bord du lit. Avec vos pieds, bloquez ses poignets au sol tandis que vos mains s'agrippent à ses cuisses ouvertes. Et maintenant, votre langue va lui montrer qui commande !

124. Le risque d'être surpris en pleine action ajoute un piment certain aux jeux érotiques. Voiture, ascenseur, parking, plage déserte, bureau... tous ces endroits sont parfaits pour une petite gâterie surprise. Une de mes amies a réussi à bloquer son mec dans le hall, à l'Opéra, juste après l'entracte. Elle m'a dit qu'elle avait adoré sentir ses efforts pour rester calme et silencieux !

125. La fraîcheur d'un bonbon à la menthe a un effet tout simplement divin sur le pénis ! Essayez aussi la liqueur de menthe : prenez-en une gorgée et laissez quelques gouttes couler sur le bout de son sexe avant de le prendre en bouche. Une fois que vous l'avez entièrement englouti, expirez. L'air tiède sur sa peau fraîche… Attendez-vous à des frissons !

126. *Une pincée de plaisir.* Voilà comment les jeunes femmes des harems du Rajasthan augmentent le plaisir du Raja. Pincez délicatement la peau relâchée, à la base de sa verge, pour tendre le reste de l'épiderme – particulièrement s'il n'est pas circoncis. Vous allez l'enflammer en léchant sensuellement le bout de sa verge désormais particulièrement sensible !

127. Mon amie Karen m'a révélé cette technique, dont elle fait la promotion auprès de toutes ses copines. Elle applique sa langue bien ferme et déployée sur le périnée de son amant et, en un seul mouvement très lent, remonte par le scrotum jusqu'en haut de sa queue. Là, ses lèvres encerclent le gland auquel elle donne des petits coups de langue, et elle accorde éventuellement à la verge un rapide aller-retour dans sa bouche. À renouveler autant de fois que nécessaire.

128. *Mars Butterfly.* Vous avez déjà entendu parler du Venus Butterfly* ? Eh bien, en voici la version masculine. Jouez fermement de votre langue en travers du méat urinaire, cette alléchante petite fente qui lézarde son gland. Si vous la maintenez légèrement entrouverte à l'aide de vos doigts, vous allez le faire monter au septième ciel !

129. Quand sa verge est dans votre bouche, votre langue doit être constamment en mouvement. C'est cela qui le stimule vraiment. Enroulez-la tout autour de sa hampe, ou juste à son extrémité. Léchez juste en dessous de la couronne – la crête arrondie du gland. Une spécialiste de la fellation d'un sex-club japonais m'a confié son secret : lécher la base du pénis jusqu'à ce qu'il frissonne.

130. De temps en temps, faites-le languir en éloignant votre bouche. Puis introduisez le bout de votre langue dans le méat et faites-le vibrer.

131. Inclinez son gland et faites-le glisser le long des stries de votre palais : pour lui, ces nouvelles sensations sont irrésistibles !

---

* Le *Venus Butterfly*, ou papillon de Vénus, est un stimulateur clitoridien, présent dans de nombreux catalogues d'accessoires érotiques (N.d.T.).

132. Pour changer un peu, saisissez d'une main le haut de son membre et mordillez délicatement toute la hampe. Attention, pas trop d'ardeur !

133. Essayez cette technique tantrique : après avoir sucé son gland pendant un moment, engloutissez soudainement toute sa queue. Poursuivez en vous limitant encore au gland. Puis trois nouvelles prises en bouche. Puis cinq, puis sept et ainsi de suite, jusqu'à ce qu'il explose.

134. Vous savez que quelques gouttes perlent de son sexe quand il est réellement excité ? J'adore recueillir ce nectar sur le bout de ma langue et le déposer dans sa bouche en l'embrassant. Je ferme les yeux et je lui murmure : « Mmmh… goûte ça. » Pendant que votre bouche est occupée, gardez une main sur sa queue.

135. *Le feu et la glace 1.* Une queue embrasée et une langue froide font excellent ménage ! Mettez un peu de glace dans votre bouche et sucez-le. Vous pouvez aussi caresser ses testicules avec des glaçons pendant que la chaleur de votre bouche enveloppe son sexe. Si vous voulez vraiment faire des ravages, attendez qu'il soit presque prêt à éjaculer pour rafraîchir ses testicules. Préparez-vous à une éruption !

136. *Le feu et la glace 2.* Pendant la fellation, interrompez-vous de temps à autre pour boire une gorgée de thé ou de café chaud, de jus de fruits frais ou de bière glacée. Rincez-vous-en bien la bouche avant de recommencer à le sucer. Alternez froid et chaud. Les hommes adorent les contrastes.

137. *Le feu et la glace 3.* Quand son pénis est en feu, calmez-le avec un peu de crème glacée au chocolat. Et dévorez ce délicieux esquimau !

138. Pendant que vous le sucez, introduisez un doigt dans votre bouche et titillez sa queue. Puis faites glisser votre doigt lubrifié pour masser légèrement le périnée et l'anus.

139. Une fois que vous l'avez tout en bouche, remontez lentement en suçant fort. Gardez seulement le bout de son sexe dans la bouche ; d'une main, massez sa hampe et, de l'autre, excitez le périnée et l'anus.

140. Vous ne pouvez pas avoir constamment son sexe entier dans votre bouche, mais vous pouvez en créer l'illusion avec vos mains ! Deux solutions : soit le sucer et le masturber dans des directions opposées ; soit faire de vos doigts le prolongement de vos lèvres. Incapable de faire la distinction entre votre bouche et votre main, il va vous prendre pour Wonder Woman !

141. *En papillotes.* C'est une technique que recommande ma copine Chris, sous son petit air innocent... Recouvrez ses testicules d'aluminium, collez vos lèvres et chantonnez. Les vibrations sont amplifiées et une exquise chaleur enveloppe ses bourses.

142. *Fruits de la passion.* Choisissez un fruit doux et juteux, comme une mangue, une orange ou une papaye. Mon fruit préféré est la pomme cannelle : pas facile à trouver, mais sa texture et son goût valent le détour ! Coupez une moitié en morceaux et pressez-en le jus sur son sexe. Aspirez le liquide sucré. Creusez la chair dans l'autre moitié du fruit et posez-la comme un petit capuchon sur son sexe. Tournez, pressez et recueillez goulûment le jus le long de sa hampe et sur ses testicules. Miam !

143. Si vous utilisez des préservatifs – voir l'Appendice à la fin de cet ouvrage –, ajoutez de la sensualité à l'exercice. Prenez une de ces capotes au goût fraise ou chocolat, et apprenez à la mettre sans les mains : magique ! Avant tout, déroulez-la légèrement pour qu'elle soit plus souple. Remettez-la ensuite dans sa position initiale. Mettez un lubrifiant à base d'eau sur vos lèvres et dans le réservoir. Le préservatif entre vos lèvres, appliquez-le sur le haut du sexe de votre partenaire. Commencez à le dérouler en poussant les bords avec la langue. Ensuite, lèvres serrées, repliées sur vos dents, déroulez le plus loin possible. Finissez éventuellement avec les doigts. Un conseil : entraînez-vous sur une banane jusqu'à ce que vous maîtrisiez la manœuvre. Et lancez-vous !

144. *Super succion.* Quand son sexe est tout entier dans votre bouche, recouvrez vos dents de vos lèvres et remontez lentement en aspirant aussi fort que possible. Arrivée au bout, relâchez la pression, engloutissez son chibre à nouveau et recommencez. Répétez jusqu'à ce que petite mort s'ensuive ou, comme les maîtres du Tao le suggèrent, alternez succions et petits coups de langue au niveau du gland. Quoi qu'il en soit, il sera rapidement très excité !

145. Ses bijoux de famille réclament de l'attention, eux aussi ! Les filles des sex-clubs japonais disent que l'un de leurs secrets est de faire rouler les bourses des hommes dans leurs mains pendant qu'elles les sucent. Vous pouvez aussi les envelopper dans vos lèvres, une main sur son manche, et lécher doucement le scrotum. De temps en temps, donnez-leur un petit coup de nez : la peau devrait se tendre sous l'excitation.

146. Placez-vous de manière qu'il puisse voir votre chatte. Pendant que votre bouche se délecte de sa virilité, vos doigts se promènent sur votre mont de Vénus, s'attardent sur votre fente. Le désir est à son comble. En plus de vos bons offices, vous offrez à votre partenaire le plus érotique des spectacles. De votre côté, les frémissements

PAS À L'AISE AVEC TOUT ÇA ?

Votre amant se sentira particulièrement aimé, en confiance, si vous prenez plaisir à avaler son fluide viril. C'est un acte fort, mais toutes les femmes ne le font pas sans une certaine appréhension.

- *Voilà quelques petits trucs pour mettre un terme à ces haut-le-cœur qui vous embêtent :*
- *— avant de lui faire une fellation, tapotez votre tempe de la main gauche et dites : « Pas de haut-le-cœur… » Puis l'autre tempe, de la main droite : « Ça n'a rien d'écœurant… » ;*
- *— inhalez par le nez au moment où vous introduisez son sexe dans votre bouche. Exhalez tout en le prenant profondément. Bizarrement, ces techniques fonctionnent. Et pour lui, ce sera un plaisir de sentir la contraction des muscles au fond de votre gorge. Sans parler de l'excitation de découvrir votre côté « gorge profonde »…*
- *AVALER OU PAS ? Dans la mesure où c'est le rêve de tous les hommes, et un acte d'adoration par excellence, ma réponse est : oui, si vous êtes sûre qu'il est sain. Il paraît que Cléopâtre poussait cet art très loin : plusieurs centaines de soldats en une seule nuit. Dans beaucoup de cultures tribales, le sperme est sacré et considéré comme un remède. Certains femmes d'Afrique de l'Ouest l'avalent dans le but d'obtenir de la prostaglandine, une hormone contraceptive. Essayez de suggérer à votre amant de boire davantage d'eau ou de jus d'ananas, et de manger de la cannelle ou du céleri, pour que son sperme ait un bon goût jusqu'à la dernière goutte. Ça marche vraiment ! Et le simple fait que vous en parliez va lui donner des idées…*

> • *Un autre truc est d'enduire son sexe de chocolat ou de miel juste avant l'éjaculation. Vous sentirez à peine le goût du sperme. Vous pouvez aussi l'avaler cul-sec, sans qu'il rencontre jamais vos papilles gustatives. Si votre amant peut aller frotter son nez et sa bouche contre les fluides qui ruissellent de votre vagin, vous aussi, vous pouvez apprécier les siens !*

de votre minou s'ajoutent à ceux de son chibre : deux fois plus fun !

147. Au moment où il va jouir, faites-lui un *Mars Butterfly* (voir n° 128) ou, plus simplement, léchez avidement le pourtour du gland. Ça ajoute des millions de sensations à son orgasme.

148. Pour prolonger son orgasme, pressez régulièrement le gland avec votre bouche pendant que son membre se contracte. Il sera votre esclave !

149. Après l'éjaculation, laissez le sexe de votre partenaire se reposer tranquillement dans le doux nid de votre bouche. Il va se laisser gagner par le sommeil en toute confiance, sa virilité lovée en vous.

Deuxième partie : doigts de fée

Le sexe d'un homme renferme certains secrets que seule une main peut percer. Vos doigts ont à la fois plus de force et de souplesse que vos lèvres ; ils contrôlent donc son plaisir avec une meilleure précision, et peuvent s'attarder sur les points sensibles. Gardez cela à l'esprit pendant que vous pétrissez son instrument : non seulement vous comblez ses désirs, mais, en plus, vous allez peut-être lui révéler son vrai potentiel !

150. *L'onction.* Vos mains lui procureront un massage bien plus érotique si vous utilisez de l'huile : huile d'amande, huile d'olive, huile du Kama-sutra… Une façon élégante de procéder consiste à verser un peu d'huile sur le dos de votre main et à la laisser couler sur son pénis. Quelle que soit votre méthode, honorez son organe, avec vos mains et avec vos mots. Autrefois, on mettait de l'huile parfumée sur les icônes que l'on vénérait. Ici, c'est pareil : vous n'êtes pas seulement en train de lubrifier son sexe, vous rendez hommage à sa fertilité et à sa puissance.

151. *Cercle divin.* Alors qu'il est encore flasque, prenez la base de son sexe d'une main ; posez la paume soigneusement lubrifiée de votre seconde main bien à plat sur le gland. Faites rouler son sexe sur son ventre dans le sens des aiguilles d'une montre, jusqu'à ce qu'il pointe vers le bas. Là, prenez la hampe entre vos doigts et caressez-la de haut en bas. Recommencez le mouvement circulaire, paume à plat.

Bonus réflexologique : vous réchauffez son cœur, ranimez ses rêves et le préparez à l'extase.

152. *Cobra.*

Voilà une caresse classique, mais avec quelques raffinements. Lubrifiez vos mains. Avec l'une, tenez la base de son sexe et/ou les bourses. Arrondissez l'autre main, comme un cobra, et prenez le sommet de son sexe en érection, votre pouce replié sur l'index. Caressez continuellement de bas en haut et :

- excitez le frein avec votre pouce quand vous passez à sa hauteur ;
- serrez plus fort en haut de la hampe, tapotez le sommet du gland avec votre pouce, relâchez la pression et ouvrez un peu la main en redescendant ;
- pressez légèrement les testicules et le périnée simultanément.

Bonus réflexologique : vous stimulez à la fois le centre de ses émotions primaires et de ses aspirations les plus hautes.

153. *Presse-agrumes.*

D'une main, tendez la peau à la base de son sexe. De l'autre, empoignez sa hampe et caressez-la de bas en haut. Serrez fermement, comme si vous pressiez une orange, en relâchant un peu la pression de temps en temps. Cela va lui rappeler les délicieuses contractions des muscles de votre vagin.

RÉFLEXOLOGIE DU PÉNIS

Comme le pied, le pénis est une carte miniature du corps humain. Le fait d'en stimuler certains points excite les endroits correspondants, physiquement, affectivement ou spirituellement. Par exemple, si vous souhaitez bâtir une relation de confiance entre vous, massez régulièrement sa prostate. Pour sa gorge sensible ou s'il tousse, concentrez-vous sur la couronne – la crête arrondie du gland –, ce qui l'aidera également à exprimer ses émotions plus facilement.

Voilà quelques autres points du pénis et leurs correspondances :

PÉNIS ENTIER : centre physique, mental et émotionnel de sa masculinité.

PÉRINÉE ET PROSTATE, comparables à votre point G en terme de sensations : pieds et bas du torse ; base de sa virilité ; émotions primaires ; confiance.

TESTICULES : organes sexuels ; créativité ; puissance ; capacité à construire.

DEUX PREMIERS TIERS DE LA VERGE : ventre et muscles ; esprit de décision ; capacité à utiliser les forces présentes dans le monde ; ce qu'il pense de lui-même.

TIERS SUPÉRIEUR DE LA VERGE : cœur ; amour ; sensibilité ; ce qu'il pense de vous.

ARÊTE CENTRALE DE LA VERGE, DE LA BASE JUSQU'AU GLAND : colonne vertébrale ; courage ; loyauté.

COURONNE : gorge ; capacité à exprimer ses émotions et ses pensées ; générosité.

> FREIN, *le tissu élastique, très sensible, qui retient le prépuce à la base du gland, comparable au clitoris en terme de sensations : troisième œil ; vision ; rêves ; sagesse.*
>
> GLAND : *sommet du crâne ; inspiration ; illumination ; extase physique et spirituelle.*
>
> MÉAT URINAIRE : *la porte de son cœur ; extase émotionnelle.*

154. *Twist.* Empoignez le fougueux animal de vos deux mains, l'une juste au-dessus de l'autre. Caressez-le de haut en bas, tout en tournant vos poignets dans des directions opposées. Variez la vitesse et la pression. Bougez votre corps d'avant en arrière au rythme de vos caresses, en ronronnant de plaisir.

155. *Maestro.* De temps en temps, prenez sa baguette en main et tapotez le bout du gland sur votre paume, votre poitrine ou votre chatte – ou pourquoi pas, contre son propre ventre –, et entre vos deux pubis.

Bonus réflexologique : vous lui donnez de l'inspiration et vous « illuminez » son corps.

156. *De mâle en pis.* Lubrifiez vos mains. Caressez son sexe de la base jusqu'au sommet, une main après l'autre. Enchaînez ces caresses de manière ininterrompue. Il aura l'impression de se retirer en permanence de votre tunnel d'amour. Inversez le sens des caresses : il aura l'impression de pénétrer indéfiniment dans votre écrin de velours.

157. *Propagation.* Caressez son sexe, du gland à sa base, avec la paume de votre main lubrifiée, comme si c'était un petit animal domestique. Pendant ce temps-là, de l'autre main, caressez l'intérieur de ses cuisses, allant de l'une à l'autre en passant par son ventre. Vous propagez ainsi l'énergie sexuelle tout autour de son pénis. Vous pouvez aussi faire des caresses circulaires autour de ses tétons, avec la paume de votre main ou le bout de vos doigts. C'est très efficace pour diffuser la tension sexuelle sur le point d'exploser, et pour lui faire prendre conscience que l'érotisme ne se limite pas à son pénis !

158. *Le chevalet.* Agrippez la base de sa hampe d'une main lubrifiée et ses bijoux de famille de l'autre ; les paumes de vos mains sont orientées vers son corps, vos pouces sont l'un contre l'autre. Éloignez vos mains l'une de l'autre : la première caresse la hampe vers le haut, la seconde inflige une délicieuse torture aux testicules, massés en sens inverse.

Bonus réflexologique : vous propagez sa puissance virile vers son cœur, le long de l'arête centrale, qui correspond au courage, mais aussi vers la source de son génie créatif. Il pourrait bien inventer de nouvelles manières de vous combler d'amour.

159. *Tunnel d'amour.* Joignez vos mains soigneusement lubrifiées, doigts entrelacés et pouces croisés. Faites aller et venir ce tunnel d'amour autour du sexe de votre partenaire. Si vous serrez légèrement les pouces et les index, et que vous comprimez son membre de temps à autre, en imitant les muscles de votre vagin, le résultat sera encore plus exquis.

160. *Pattes de papillon.* Pour changer un peu des mouvements de glisse, pressez d'une main le bout de son gland contre son ventre tandis que, de l'autre, vous titillez sa hampe de haut en bas avec vos doigts, en alternant face avant et face arrière. Il aura la merveilleuse impression qu'un papillon butine son étamine.

161. *Au feu !* Joignez les paumes de vos mains autour de son membre raide. Frottez d'avant en arrière comme si vous vouliez allumer un feu. Bougez vos mains de haut en bas le long de sa hampe, ou pointez les doigts vers le plafond. Variez la vitesse, la pression et l'orientation. De temps en temps, prenez son gland dans votre bouche incendiaire pour entretenir la flamme.

162. *Seulement les doigts.* Placez sa lance à l'intersection de votre index et de votre majeur, en utilisant une ou deux mains, et caressez lentement de haut en bas. Insistez, mais pas à chaque fois, au niveau du frein, cette zone très sensible, et du méat. Augmentez ou relâchez la pression de votre étau amoureux en fonction de ses gémissements.

Bonus réflexologique : vous ouvrez la porte des rêves de son cœur.

163. *Le tire-bouchon.* D'une main, tendez la peau à la base de son pénis. Enserrez la base de sa hampe de l'autre main, lubrifiée, la paume tournée vers son ventre. Caressez vers le haut. Quand vous atteignez le gland, tournez le poignet comme pour enlever un bouchon, ouvrez la main et caressez l'autre côté de la hampe vers le bas. Vous pouvez aussi retirer votre main et reprendre la position initiale. Allez-y doucement ; une trop grande pression cassera complètement votre effet. Variante : vous pouvez pointer son missile vers le sol.

Bonus réflexologique : vous l'aidez à exprimer sa puissance à travers ses qualités de générosité et de sagesse.

164. *Le grand jeu.* Avec ce massage intégral, vous allez harmoniser son être tout entier. Vos mains soigneusement lubrifiées, ouvrez et refermez les poings autour de son membre, sur toute sa longueur. Reposez-le sur son ventre et avec les paumes de vos mains, caressez-le dans le sens de la largeur dans des directions opposées. Prenez ensuite son sexe dans le creux d'une main ; de l'autre, faites des petits massages circulaires le long de l'arête centrale, sa « colonne vertébrale », avec votre pouce ou le bout de vos doigts. Bercez doucement ses testicules dans une main et palpez le périnée, là où sa virilité prend racine. Ensuite, pétrissez, malaxez et titillez les autres points de son pénis que vous voulez éveiller. Terminez par des caresses de bas en haut entre la voûte de vos mains, lentement, sans oublier d'apaiser son ventre au passage. Puis maintenez son sexe contre votre cœur pour un moment de communion amoureuse.

Un point c'est tout

Il peut s'avérer particulièrement efficace de vous attarder, de temps en temps, sur une zone précise de son pénis pendant que vous le malaxez. En faisant monter le désir de cette manière, vous ressentirez sans doute un nouveau sentiment de puissance. Quant à lui, ses circuits internes crépiteront comme jamais ! Sur quelles zones concentrer vos attentions ? Faites confiance à votre intuition et écoutez ses gémissements…

165. *Périnée.* Situé entre l'anus et les testicules, le périnée est la paroi externe de la prostate. C'est une zone très sensible que l'on compare souvent à notre point G. N'oubliez pas de la stimuler pendant que vous caressez son membre. Vous pouvez utiliser la tranche de la main ou les articulations de vos doigts pour masser ou donner des impulsions régulières sur le périnée.

Bonus réflexologique : vous activez sa virilité et son énergie sexuelle.

166. *Testicules.* Bercez-les dans une main, en les tenant à leur base entre le pouce et l'index. De l'autre main, bien à plat, caressez-les avec des mouvements circulaires. De temps en temps, embrassez-les à pleine bouche.

Bonus réflexologique : vous augmentez sa créativité et son potentiel viril.

167. *Frein.* Empoignez fermement la base de sa hampe et caressez avec votre pouce, en rond, cette zone très sensible, comparable à votre clitoris. Massez délicatement le frein entre le pouce et l'index, puis avec la tranche de la main, dans un mouvement circulaire ; vos doigts étendus propagent la sensation de bien-être dans toute la zone pelvienne.

Bonus réflexologique : vous accédez à ses rêves érotiques et à sa sagesse visionnaire.

168. *Couronne.* Tendez la peau à la base de son pénis, formez un anneau avec le pouce et l'index de l'autre main et tournez-le autour de son sexe, à l'endroit où la hampe rejoint le gland. De temps en temps, faites glisser cet anneau jusqu'au sommet de son organe affolé.

Bonus réflexologique : vous l'encouragez à exprimer ses pensées et ses sentiments.

169. *Gland.* Maintenez fermement sa queue et, avec la paume de l'autre main, caressez-en le bout en petits cercles. Formez comme un petit capuchon au-dessus du gland, avec le creux de votre main, et massez-le, en rond et de bas en haut. Vous pouvez aussi faire ces mouvements du bout des doigts. S'il n'est pas circoncis, massez d'abord à travers le prépuce, puis faites-le glisser lentement pour caresser la peau du gland, plus sensible.

Bonus réflexologique : rien de tel pour l'inspirer et le mener jusqu'à l'illumination !

170. *Méat urinaire.* Alors que vous malaxez son membre des deux mains, frottez vos pouces l'un après l'autre sur le méat, de bas en haut puis de haut en bas. Introduisez très délicatement votre pouce dans la fente et massez doucement. Surveillez ses réactions pour corriger au besoin la pression de votre doigt.

Bonus réflexologique : vous poussez la porte de son cœur, l'amour peut circuler librement.

Effets spéciaux

171. *Camisole.* Au lieu d'utiliser de l'huile, prenez un tissu fin et doux pour caresser et malaxer son membre : de la dentelle ou de la soie, vos dessous par exemple…

172. *À un souffle de lui.* Faites en sorte que votre bouche ne soit jamais très loin pendant que vos mains s'occupent de sa queue, pour qu'il sente la chaleur de votre souffle. Quand il passe à portée de vos lèvres, léchez son gland avec gourmandise.

173. *Autoportrait.* Demandez-lui de s'asseoir sur le bord du lit, face à un grand miroir. Venez vous asseoir derrière lui, votre chatte collée contre ses fesses et vos seins contre son dos. Caressez son torse, excitez ses tétons du bout des doigts, descendez vers son ventre et finalement emparez-vous de son dard en érection. Malaxez ses testicules, caressez sa hampe. Ondulez-vous, frémissez sensuellement dans son dos pendant qu'il se délecte de ce spectacle dans la glace. Si vous jouez vraiment le jeu, vous aurez l'impression de masturber votre propre sexe.

174. *Le piston.*

Quand son missile pointe avec autorité, interrompez vos massages et caressez rapidement toute sa hampe de bas en haut puis de haut en bas, imitant le mouvement d'un piston. Continuez de le malaxer, puis faites deux mouvements de piston. Malaxez. Trois mouvements de piston. Continuez ainsi en augmentant le nombre de mouvements, et ménagez quelques pauses pour de douces caresses, jusqu'à ce qu'il atteigne le point d'ébullition. Finissez le travail en le masturbant énergiquement.

175. *Lente torture.*

Le fait d'attendre crée une tension et participe à l'excitation sexuelle. Alors, de temps à autre, essayez de faire durer les préliminaires le plus longtemps possible. Caressez-le lentement avec vos mains bien lubrifiées, jusqu'à ce qu'il soit au bord de l'orgasme. Puis arrêtez-vous et offrez vos seins à sa bouche. Une fois qu'il s'est calmé, recommencez à malaxer son membre. Retardez son orgasme en utilisant une des techniques décrites plus haut (voir p. 82). Excitez-le une troisième fois jusqu'à ce que son manche vibre d'impatience, puis caressez-vous devant lui : pétrissez vos seins, passez vos doigts le long de votre fente humide. Il est au bord de l'agonie. Prenez le temps de lubrifier vos mains à nouveau avant de vous rapprocher de lui ; cette fois, caressez son ventre et l'intérieur de ses cuisses, pour diffuser la tension sexuelle dans tout son corps. Interrompez-vous et recommencez autant de fois que vous jugerez bon de le faire languir, avant de lui offrir enfin un orgasme explosif !

176. *La liqueur sacrée.*

Le fantasme de tous les hommes est que leur maîtresse savoure avec délice leur fluide viril ; qu'elle ne voie pas la cascade chaude qui jaillit de leur queue comme une grossière matière visqueuse, mais comme un nectar sacré. Et c'est de cela qu'il s'agit en effet. Alors, quand le volcan que vous avez réveillé finit par cracher sa lave, barbouillez-vous-en sans retenue : le visage, les cuisses, les seins, le ventre... Le sperme étant très riche en protéines, c'est excellent pour la peau ! Cet ultime acte d'adoration l'unira à vous plus qu'aucune autre preuve d'amour.

7

L'ENVERS DU DÉCOR

> *« Je crois à la chair, ses appétits,*
> *Voir, ouïr, toucher sont des miracles, pas une*
> *des particules qui ne soit miracle... »*
>
> *Walt Whitman,* Chant de moi-même

Les Anciens le considéraient comme le siège du feu sexuel sacré : le magnifique petit bouton niché entre vos fesses attend toujours d'être redécouvert. Quel autre endroit que celui-là peut déclencher le déchaînement sexuel d'une femme, ou la profonde sensibilité érotique d'un homme ? Rien de mystérieux à cela : l'anus est une zone extrêmement riche en terminaisons nerveuses ; la contraction des muscles qui l'entourent crée un afflux d'hormones sexuelles ; et un anus stimulé détend toute la région du bassin, améliorant ainsi la sensibilité érotique, la souplesse des mouvements et l'intensité de l'orgasme.

Chez l'homme, la stimulation anale améliore le contrôle de l'éjaculation et révèle des sensations souvent ignorées.

De plus, elle permet d'atteindre plus facilement une de ses principales zones érogènes : la prostate.

Chez la femme, le rectum et le vagin sont voisins, et le sphincter fait partie de cette zone de tissus sensibles qui comprend le point G et le clitoris. C'est pourquoi la stimulation de cette petite grotte a toutes les chances de vous enflammer d'une manière inhabituelle. Et comme un parfum rare et légèrement pervers reste associé à cette fleur cachée, elle hante les rêves plus ou moins avoués de bien des hommes.

> ### AVANT DE COMMENCER
>
> 1. *LUBRIFIEZ. L'anus n'est pas lubrifié naturellement, il est donc nécessaire d'y remédier. Salive, cyprine (le fluide vaginal qui apparaît quand vous « mouillez »), Vaseline, Astroglide ou même Crisco prépareront le chemin.*
>
> 2. *STIMULEZ LES AUTRES ZONES D'ABORD. L'excitation sexuelle rend le rectum beaucoup plus sensible au toucher. Si vous ne faites pas les choses dans l'ordre, vous courez à l'échec. Continuez les caresses génitales pendant la stimulation anale. C'est agréable, ça fait diversion et ça met tout le bassin en feu !*
>
> 3. *ALLEZ-Y LENTEMENT. Ici aussi, c'est la tortue qui gagne la course ! Il peut se passer des heures, des jours ou des mois avant que le petit œillet ne se laisse apprivoiser...*
>
> 4. *POUSSEZ. Lors d'une pénétration anale, détendez-vous complètement ou poussez, comme si vous alliez à la selle.*

Si vous pensez que la pénétration anale est quelque chose de sale, réfléchissez-y à deux fois. À moins que vous ne veniez d'aller à la selle, cette zone n'est pas moins propre qu'une autre. Si cette perspective vous angoisse, dites-vous simplement que c'est une occasion de découvrir de nouveaux horizons de plaisir. Et si vous trouvez cela désagréable, c'est que vous ne l'avez sans doute pas fait dans les bonnes conditions. Avec le bon partenaire, au bon moment, et avec une lubrification adéquate, vous pouvez réaliser à deux une expérience sexuelle époustouflante. Alors choisissez le stimulus de la passion qui vous plaira – string suggestif ou visionnage d'une scène d'*Un dernier tango à Paris* – et partez à la découverte de nouvelles délices.

À la recherche de l'anneau

177. Pour initier votre partenaire à la jouissance anale, massez le pourtour de son anus, ou même l'entrée du rectum, avec un doigt, juste avant l'orgasme. Mais attention : ça risque de précipiter son éjaculation !

178. Pendant que vous vous occupez de son manche avec la bouche ou la main, glissez un doigt lubrifié entre ses fesses. Caressez doucement le bord de son œillet et, une fois qu'il est assez détendu, insérez délicatement le bout de votre doigt. Progressez lentement dans le rectum en faisant des petits mouvements circulaires. N'hésitez pas à faire des pauses si vous sentez qu'il se contracte, et ne cessez pas de stimuler sa queue. Une fois que votre doigt est bien introduit – moins de trois centimètres suffisent –, pliez-le légèrement et faites-le danser contre les parois du rectum jusqu'à ce que votre amant exulte.

179. Enroulez votre doigt dans la petite culotte en soie qu'il vient de vous arracher, mouillez-le de salive et tournez autour de sa rondelle. Pénétrez dans la grotte et, comme il commence à se cambrer d'excitation, retirez votre doigt, mais laissez-y le tissu. Comme avec des perles anales, un accessoire érotique inspiré des plaisirs orientaux, retirez lentement le tissu au moment de l'orgasme.

180. Osez l'embrasser ! Les hommes ne s'y attendent jamais… Bien sûr, vous pouvez déjà lécher le petit cul de votre mec, mais si vous allez jusqu'à écarter ses fesses et laper voracement le bouton de rose qu'elles camouflent, je peux vous garantir qu'il va péter un plomb ! Assurez-vous d'abord qu'il est propre, bien entendu… Du bout de la langue, dessinez des cercles autour de son anus tout en le masturbant. Laissez votre langue chaude et humide lui parcourir la raie des fesses et introduisez-la de temps à autre dans le rectum. Pour varier les effets, n'oubliez pas d'embrasser et de mordiller la pulpe de son arrière-train. Splendide !

181. Souvent comparée au point G féminin, la prostate est une des principales zones érogènes chez l'homme. Pour l'atteindre de l'intérieur, introduisez peu à peu votre doigt, manucuré et lubrifié, dans l'anus de votre partenaire. Une fois qu'il est bien à l'intérieur, repliez-le en direction de son nombril. Vous devriez alors sentir un petit renflement : c'est la prostate. Palpez, zigzaguez, faites vibrer votre doigt. Ses réactions vous aideront à trouver la bonne pression. Et n'oubliez pas de le rassurer sur sa virilité en le masturbant simultanément. L'idéal est de masser sa prostate au moment où l'autre main descend sur sa hampe, afin que ces deux caresses se rencontrent. Il aura l'impression que la base de son sexe et son périnée sont en feu. Attention aux violentes éruptions !

À la découverte de votre passage secret

Une seule règle à respecter : les doigts, la langue et le pénis ne doivent jamais passer directement de l'anus au vagin : cela pourrait être source d'infections. D'accord ? Alors, vous voilà prête à explorer une nouvelle zone érogène que beaucoup de femmes préfèrent par-dessus tout !

182. Pour vous familiariser avec les sensations anales, jouez avec le jet d'eau chaude sous la douche : orientez-le entre vos fesses, au creux de votre grotte de satin. Massez votre anus d'une main savonneuse, tandis que l'autre caresse votre chatte et votre clitoris. Vous allez bientôt découvrir un second bouton d'amour.

183. *La lune d'Aphrodite.* Comme toutes les grandes déesses de l'amour, Aphrodite avait compris que ses deux globes charnus étaient un puissant aphrodisiaque. Une statue célèbre la représente en train d'admirer son arrière-train par-dessus son épaule. Votre amant ne pourra pas résister quand vous vous pencherez pour lui offrir votre raie veloutée. Vos fesses lubrifiées, pressées l'une contre l'autre, formeront un cratère dans lequel il pourra se glisser avec l'illusion d'une pénétration anale totale.

184. Si vous n'avez jamais essayé le cunnilingus pratiqué par-derrière, commencez aujourd'hui ! À genoux, le plaisir est d'autant plus intense que vos lèvres sont largement écartées, et que la force de gravité attire le poids de votre bassin vers le bas. Et puis… vous voyez où je veux en venir ? Dans cette position, vous pouvez offrir, en prime, votre envoûtante caverne à ses coups de langue.

185. En pleine action, guidez ses mains vers vos fesses et demandez-lui de les pincer, de les pétrir, de les gifler… Puis déhanchez-vous pour que ses doigts se rapprochent de votre pastille et réclamez leurs caresses en gémissant de plaisir.

186. *Banquette arrière.* Beaucoup de femmes ont un peu peur de la pénétration anale, mais quand un homme leur propose patiemment, et avec un membre bien lubrifié, de prendre avec lui le chemin de Sodome pour en découvrir les plaisirs, et notamment une superbe stimulation du point G, l'aventure se termine souvent en épiphanie sexuelle. Une de mes connaissances a été tellement bouleversée par cette révélation qu'elle a décidé de prendre les devants, si vous me passez l'expression… « Nous étions assis face à face, sur la banquette arrière de sa voiture ; je me suis empalée en jubilant sur sa magnifique bite, et j'ai pris mon pied comme jamais ! », m'a-t-elle confié. C'est vrai que dans cette position, les jambes bien écartées, ce qui ouvre et détend votre passage secret, c'est vous qui contrôlez la situation !

187. Lubrifiez son membre et tendez-lui votre croupe, à quatre pattes. Pendant qu'il enfile lentement votre anneau, caressez votre chatte jusqu'à ce qu'elle soit en feu. Puis, attrapez ses valseuses dans un mouvement de recul. Agitez-vous d'avant en arrière sur son manche ainsi assujetti.

188. Asseyez-vous sur de gros oreillers, ou sur un tabouret bas, et penchez-vous en arrière. Prenez appui sur le sol avec vos mains. Votre partenaire s'agenouille entre vos cuisses et plonge son sexe lubrifié dans votre galerie d'amour. Avec cet angle de pénétration, vous pouvez rester tous deux immobiles tandis que vos muscles anaux pétrissent sa queue. Mais il peut aussi faire des va-et-vient pour vous mener jusqu'à l'extase. Si vous passez les jambes par-dessus ses épaules, ce sera Byzance !

189. Et un, et deux, et trois… Allongez-le sur le dos. C'est d'abord votre bouche qui va éveiller ses sens. Puis les lèvres de votre sexe prendront le relais, avant que votre bouton d'amour, nouvellement apprivoisé, n'entre en scène pour le clou du spectacle. Si, avec tout ça, il ne devient pas fou de vous, je ne sais pas ce qu'il lui faut !

8

DANS LE SECRET
DES ZONES ÉROGÈNES

> *« Couvre-moi de soupirs chauds.*
> *La surprise fait frissonner*
> *le haut de mon échine*
> *avant de descendre en cascade […]*
> *Réinvente-moi encore… »*
>
> *Marcia Singer, « Softplay me »*

C'est vrai, la principale zone érogène chez un homme, c'est ce qui bat entre ses jambes. Mais ce n'est pas une raison pour se laisser abattre ! En tant que virtuose de l'amour, vous devez relever ce défi : éveiller son corps à de nouvelles délices. Si vous lui faites redécouvrir certaines parties de son anatomie, ou si vous lui révélez de nouvelles zones érogènes, vous deviendrez l'héroïne de son histoire érotique. C'est vous qui lui offrirez de nouveaux plaisirs ; c'est grâce à vous que l'orgasme envahira tout son corps ; et c'est vous qui serez à jamais associée à ces délices dans son imaginaire.

190. *Décentralisation.* Pour réveiller la sensualité de votre amant, érotisez tout son corps. Stimulez-le d'abord jusqu'à l'érection, puis concentrez-vous sur d'autres parties de son corps, sans pour autant négliger son pénis : continuez de le caresser d'une main, ou faites régulièrement une halte à ce carrefour sensuel, entre deux promenades plus lointaines sur son corps. Si vous devez acheter sa patience en lui faisant miroiter un traitement de faveur, faites-le ! Il se rendra bientôt compte que le fait de propager ainsi les ondes de plaisir rend l'orgasme plus intense. Avec vos doigts, vos lèvres ou des huiles de massage, excitez les zones proches de son sexe, et progressez petit à petit vers le bout de ses orteils et de ses doigts. Ou alors, quand vous le sucez, diffusez la tension sexuelle du bout des doigts tout autour de son sexe. Une autre option, très demandée dans les sex-clubs japonais, consiste à lécher tout son corps du bout de la langue.

191. *Bouche magique.* Embrassez l'intérieur de sa bouche, ou prenez ses lèvres entre les vôtres et enveloppez-les de votre souffle chaud. Léchez-les, mordillez-les, buvez sa salive, tétez sa langue. Déposez une gorgée de vin dans sa bouche en un baiser torride. En Orient, on dit qu'il y a une connexion directe entre la lèvre inférieure de l'homme et son pénis : essayez de faire trembler son membre en excitant sa lèvre, griffez, sucez…

192. *Baiser brésilien.* Vêtue d'une seule écharpe de soie, suçotez-en un bout et, pendant que vous embrassez votre amant, glissez le tissu entre ses lèvres et votre langue. Faites-le aller et venir ainsi entre votre bouche et la sienne. La caresse de la soie humide sur vos langues réveille des sensations que les baisers ordinaires ont peut-être laissées s'endormir.

193. *Puits de désir.* Vous voyez, au milieu de son cou, cette ligne qui va du haut de la gorge jusqu'au creux entre les clavicules ? Elle correspond à l'arête qui est au milieu du pénis, et se termine à la naissance du scrotum. Léchez-la, donnez-lui des petits coups de langue et lapez le lait de son désir dans ce puits soyeux, à la naissance de sa gorge.

194. *Cat-woman.* Il y a quelque chose, dans les aisselles d'un homme, qui réveille la tigresse qui dort en moi : peut-être cet arôme si masculin, ou le contraste entre la puissance des biceps et la vulnérabilité de cette zone chatouilleuse ? Vous pouvez enflammer le potentiel érotique niché sous son bras en vous y blottissant simplement, comme une petite chatte, et en mordillant de temps en temps le bout des poils. Griffez gentiment la peau, très sensible à cet endroit ; caressez-la avec votre nez en ronronnant. Léchez délicatement le pourtour de l'aisselle et plongez au creux de son bras.

195. *Vallée d'amour.* Il existe entre ses pectoraux une zone érogène rarement explorée. À cet endroit, la peau est fine et tendre. Le thymus, une glande située à l'arrière de la partie supérieure du sternum, entre les poumons, se trouve juste à ce niveau. La stimulation de cette glande est source d'énergie pour le corps. Tambourinez, massez, embrassez le torse de votre amant : vous lui ouvrez le cœur et les portes d'un merveilleux bien-être sensuel. Pour lui arracher des soupirs d'extase, léchez ses tétons simultanément.

196. *Jeu de paume.* Au centre de la paume de sa main coule un ruisseau d'amour. Une petite veine nichée juste sous la peau, qui ne demande qu'à battre sous la caresse insistante de votre pouce ou de votre langue. La liaison nerveuse entre la main et le bout du sexe transmettra des ondes de plaisir à travers tout son corps, jusqu'au sommet de sa virilité.

197. Le bas de ses fesses, près de l'entrejambe, est une région douce et très sensible au plaisir. Pendant les préliminaires, lubrifiez vos lèvres et dessinez de grands 8 pour stimuler cette zone. Quand il est sur vous, empoignez le bas de ses fesses et serrez au rythme de ses coups de rein ; vous pouvez aussi érafler légèrement cette zone pour augmenter son plaisir pendant l'orgasme.

> **Son centre d'érection secret**
>
> *Où est-ce ?* En bas de la colonne vertébrale, à moins de vingt centimètres du coccyx.
>
> *Qu'est-ce que c'est ?* Un ensemble de nerfs qui contrôlent l'érection du pénis.
>
> *Quels effets ?* Une érection plus ferme et un délicieux sentiment de turgescence.
>
> *Comment s'y prendre ?* En appuyant fermement avec votre main. En caressant en rond du bout des doigts, avec énergie. Quand il atteint l'orgasme, en pressant plus ou moins fort.

198. *C'est le pied ! 1.* Un massage des pieds est très sensuel pour tout le corps, mais certains points précis ont un véritable potentiel érotique. Massez du bout des doigts le petit creux qui se trouve sous la cheville, près du talon d'Achille : vous envoyez des messages enflammés à son pénis ! Nichez votre pouce dans le renfoncement juste sous le coussinet de son deuxième orteil : vous ouvrez les portes de son cœur. Palpez le milieu de la partie antérieure de la voûte plantaire : vous rétablissez l'harmonie entre ses hormones impatientes et ses sentiments amoureux plus éthérés.

199. *C'est le pied ! 2.* Sur une plage de Guadeloupe, un Français a ruiné le vernis à ongles de ma copine Marianne... Elle a décidé d'adapter la technique de ce don Juan à ses conquêtes masculines. Soulevez son pied et calez votre pouce entre ses deux premiers orteils. Caressez le dessus de son pied tout en frottant la plante contre votre joue. Léchez son cou-de-pied ; embrassez-le et faites l'amour à tous les recoins de sa chair. Isolez son gros orteil et sucez-le, comme si c'était son membre gonflé ; tournez votre langue tout autour, en lui lançant de temps en temps un regard coquin. Appliquez le même traitement aux autres orteils, puis caressez tendrement son pied, posé sur votre poitrine. Le fait d'être à la fois manipulé et adoré est très excitant : vous avez fait de son pied un terrain d'érotisme, et une pluie d'éclairs a déferlé sur son bâton d'amour.

200. *Testostérone City.* Ils sont si souvent négligés lors des jeux amoureux… Les testicules sont pourtant une source très riche de plaisirs érotiques. La peau qui les entoure, qu'on appelle le scrotum, est la plus fine et la moins riche en graisse de tout le corps. Les bourses produisent 95 % de sa testostérone : c'est vraiment la source de sa virilité, et l'un de ses points les plus sensibles. Mais attention : fragile ! Léchez-les, embrassez-les, aspirez-les tendrement. Faites-les rouler au creux de vos mains et caressez-les doucement à la base du scrotum. Si, en même temps, vous le regardez dans les yeux en lui disant que vous l'adorez, il vous sera tout acquis ! Pendant que vous faites l'amour, câlinez-les ou poussez-les délicatement vers sa lance en pleine action. Prenez-en soin comme de pierres précieuses : il reconnaîtra en vous une amante experte et avisée !

LE POINT G MASCULIN

Qu'est-ce que c'est ? La prostate, qui est issue du même tissu embryonnaire que votre clitoris, est une glande située entre le rectum, la vessie et la base du pénis. On peut la stimuler à travers le périnée ou via le rectum. La prostate est considérée comme LA région inexplorée de la sexualité masculine.

Comment ça marche ? La prostate gonfle et devient très sensible sous l'effet de l'excitation sexuelle. Pendant l'orgasme, des contractions spasmodiques propulsent certains composants du sperme dans le pénis, d'où cette sensation divine de jouissance inexorable...

Comment s'y prendre ? Pendant que vous le sucez ou que vous le masturbez, pressez fermement le périnée, du bout des doigts ou avec le plat des phalanges. Faites vibrer vos doigts, appuyez à un rythme régulier ou caressez en rond. Quand il s'est introduit dans votre nid d'amour, essayez de le masser juste derrière les testicules : son pénis gonfle davantage, et l'état d'excitation limite dure plus longtemps. Les courtisanes orientales avaient leur petite méthode pour prolonger et amplifier l'extase : elles pressaient le périnée pendant l'orgasme. Même si le point G de votre amant ne réagit pas spécialement au début, continuez de le stimuler ; il deviendra de plus en plus sensible, et vous lui révélerez une zone érogène qu'il regrettera de ne pas avoir découverte plus tôt ! (Pour la stimulation de la prostate par le rectum, voir le chapitre 7.)

Les triades du désir

Quand votre amant vous embrasse, vous ressentez un frisson, une onde de plaisir, pas seulement dans vos lèvres, mais aussi dans votre poitrine, votre ventre, et parfois même jusque dans vos pieds. C'est parce que, dans le corps, un réseau nerveux relie les principales zones érogènes entre elles et avec le cerveau. En stimulant l'une, on réveille l'autre... Comme lorsqu'il mordille le bout de vos seins et que vous sentez aussitôt votre clitoris s'enflammer. Certaines combinaisons de zones érogènes sont plus efficaces que d'autres : ce sont les triades du désir. En stimulant simultanément les trois points de la triade, leur connexion électrique sera renforcée, et la tension sexuelle à son maximum : le désir aura envahi tout le corps.

201. *La triade lèvres-tétons.* Si vous stimulez simultanément les deux tétons et la bouche, vous maximisez l'énergie sexuelle dans le haut du corps, alors que l'attention est portée d'habitude sur les organes génitaux. Sucez ses lèvres, pétrissez ses tétons sans relâche... Sa respiration s'accélère, il salive, ses épaules tremblent et le désir lui monte à la tête. Regardez son missile pointer dans un mouvement de passion de tout son corps.

202. *La triade tétons-pénis.* Le fait de relier les deux tétons et le pénis augmente les sensations généralement associées à la stimulation génitale. Léchez son sexe tout en triturant ses tétons ou, à l'inverse, mordillez un téton, titillez le second d'une main et pétrissez sa queue de l'autre. Ce triangle érotique forme un tourbillon de plaisir qui envahit son bassin, sa colonne vertébrale et son cœur. Vous pouvez aussi frotter vos seins contre ses tétons tout en vous agitant sur son membre.

203. *La triade pénis-pieds.*

Avec l'activation de ce triangle qui relie le pénis et les nerfs des pieds, vous allez diffuser des sensations explosives dans tout le bas du corps, grâce à une délicieuse sensation d'emprisonnement. Caressez ses pieds pendant que vous le sucez ardemment. Sucez et massez ses orteils, l'un après l'autre, tout en envoûtant son membre avec vos pieds. Ou caressez simplement son sexe du bout des doigts et descendez : l'intérieur des cuisses, les mollets, le cou-de-pied.

204. *Supernova.*

Combinez la triade lèvres-tétons avec la triade tétons-pénis pour en multiplier la puissance. Pendant l'amour, faites une pause et imaginez la connexion électrique entre ces quatre points. Puis approchez vos lèvres des siennes tout en tournant ses tétons entre vos doigts, juste assez pour créer une décharge électrique dans son pénis. Recommencez vos va-et-vient sans cesser d'explorer sa bouche et de caresser ses tétons. Vous pouvez aussi activer cette précieuse combinaison en pinçant ses tétons pendant un « 69 ». Quand vous stimulez ces points essentiels en même temps, vous allumez un feu à travers tout son corps, mais aussi son esprit et son âme. Assurez-vous qu'il a le cœur solide !

9

S... ? Mmm...

> « *Après une nuit et un jour d'amour,*
> *Krishna et Radha s'endormirent...*
> *Sur ses épaules, les marques de ses dents.*
> *Sur son dos, les marques de ses ongles.*
> *Son corps était meurtri de ses étreintes*
> *passionnées.* »
>
> *Surdas*

Ma version des rapports SM n'a rien à voir avec la douleur ou l'humiliation : bien au contraire, il s'agit d'accroître les sensations de plaisir. C'est électrisant, amusant et très intime. C'est l'occasion de repousser vos limites, ensemble. Vous pensez qu'il y a plus agréable qu'une griffure dans le dos ? Au plein cœur d'une scène torride, pourtant, elle peut être délicieusement intense. Dans le feu de l'action, un petit mordillement peut devenir une morsure. Une petite tape peut devenir une fessée. Un foulard en soie peut devenir un accessoire de bondage. La relation sexuelle se charge alors d'une tension érotique inhabituelle, que

LA SÉCURITÉ AVANT TOUT

- *Jouez à soumettre, ou à être soumise, seulement avec quelqu'un en qui vous avez confiance.*
- *Soyez honnête, dites ce qui vous plaît, ce qui vous angoisse et ce qui vous fait mal.*
- *Commencez par tester vous-même les accessoires. Cette cravache n'est peut-être pas aussi souple – ou aussi rigide – qu'elle en a l'air…*
- *Pour les scènes les plus « sérieuses », prenez la précaution de négocier au préalable. « J'ai bien l'intention d'être une vilaine petite fille qui mérite la fessée, mais je veux aussi beaucoup de câlins. » Ou : « Quand je t'aurai fait prisonnier, y a-t-il des punitions auxquelles tu préférerais échapper ? »*
- *Ne prenez jamais de drogues ou d'alcool. Vous pourriez ne pas remarquer des signes importants de la part de votre partenaire.*
- *Utilisez un code mis au point au préalable. S'il demande grâce, il est essentiel de pouvoir distinguer si c'est le jeu ou la réalité. Le symbole des feux de circulation est un code simple, souvent employé : « feu orange » pour « attends, c'est limite, parlons-en » et « feu rouge » pour « arrête tout de suite ! ».*
- *Pour des pratiques de bondage :*
- *– ne compressez jamais la gorge, les mains, les articulations, les aisselles ou l'aine ;*
- *– ne laissez jamais seule plus de quelques secondes la personne attachée ;*
- *– ayez toujours des ciseaux à portée de main, en cas d'urgence ;*

> — *préparez des crèmes apaisantes, des petites douceurs, par exemple du chocolat, et des mots d'amour pour le « dé-bondage ».*

vous vous contentiez de jeux un peu pervers ou que vous exploriez davantage ces territoires sensuels.

Les jeux de pouvoir et de vulnérabilité intime ont toujours fait partie de la sexualité. Des films comme *9 semaines et demie*, *À la dérive*, *Bound*, *Club Eden* ou *Quills* ont éclairé les plus naïfs d'entre nous sur ce que la contrainte physique et la soumission ont d'exquis. Et nous autres, femmes modernes, nous raffolons de cet aphrodisiaque qu'est la sensation d'exercer un pouvoir sexuel, qu'elle vienne du fait d'asservir ou d'être asservie par quelqu'un que l'on aime. Après tout, qui ne rêve pas d'être fouetté par le plaisir ?

Ici, pas besoin de chercher longtemps les stimuli de la passion. Entre les bandeaux, les menottes, les vêtements de cuir et autres fantaisies des catalogues érotiques, ils ne manquent pas ! Alors, libérez-vous de vos chaînes. Prenez votre glaive, maîtresse, et domptez votre esclave !

Pour lui mettre la puce à l'oreille

205. Pendant votre orgasme, mine de rien, martelez doucement le dos ou la poitrine de votre partenaire. L'excitation était telle, vous n'avez pas pu vous en empêcher... Ou bien, alors que ses va-et-vient s'accélèrent, donnez-lui une bonne tape sur les fesses, histoire qu'il vienne plus profondément en vous.

206. Remettez-lui une carte sur laquelle vous aurez écrit : « Le possesseur de cette carte peut bénéficier des services d'une esclave de l'amour pendant tout un week-end. » Signez d'un nom approprié, tel que « Véronica la soumise ».

207. Demandez-lui de vous attacher au lit à l'aide de quelques-unes de ses vieilles cravates, jusqu'à ce que vous ayez eu trois orgasmes.

208. Portez un vêtement de cuir au lit : des gants, des talons aiguilles, une minijupe, un soutien-gorge, une ceinture… L'odeur et la sensation du cuir vont donner à vos ébats un ton un peu pervers.

209. Agenouillez-vous devant lui, seins nus, pour embrasser et lécher ses pieds. Caressez ses mollets avec vos seins en lui demandant d'une voix docile : « Que puis-je pour votre service, mon roi ? »

210. Appliquées légèrement, les pinces à seins vous donnent le sentiment très excitant d'un besoin sexuel pressant ; sans compter qu'à ses yeux, elles ont un effet redoutable ! Demandez-lui alors de vous lécher les seins et/ou la chatte, jusqu'à ce que vous demandiez grâce.

211. Vous êtes en train de le déshabiller : défaites doucement sa ceinture, puis enlevez-la brusquement. Tenez-la par les deux bouts et faites-la claquer deux ou trois fois, en lui jetant un regard de défi. Poussez-le sur le lit et, à califourchon sur lui, bloquez sa poitrine à l'aide de la ceinture. Frottez votre bassin contre le sien. Soudain, ses jambes coincées par les vôtres, ouvrez sa braguette et empoignez son membre dressé. Pour l'immobiliser encore davantage, serrez bien son pantalon sur ses cuisses. Éventuellement, caressez très légèrement son sexe – déjà avide – avec sa ceinture. Puis sucez, léchez et mordez à volonté !

Jeux de pouvoir

212. *Feuille caillou ciseaux.* Défiez-le à ce jeu de mains simplissime. Si vous gagnez, prenez de vrais ciseaux, découpez ses vêtements et menez-le au septième ciel !

213. *Pari tenu.* Amusez-vous à parier avec votre mec à propos d'un événement sportif. Le perdant – vous devriez pouvoir l'être sans trop de problème – devra rester nu, ou s'habiller comme l'aura décidé le gagnant pour le reste de la journée, de la nuit ou du week-end, et il se pliera à toutes ses volontés érotiques.

214. *Torture au pudding.* Glissez la note suivante dans son attaché-case : « Ce soir, quand tu rentreras, déshabille-toi et couche-toi. Si tu es un gentil garçon, tu auras une récompense. » Une fois qu'il est au lit, faites votre entrée dans le plus simple appareil, un bol de pudding dans les mains. Barbouillez-en votre corps sans pudeur, puis allongez-vous sur lui et tortillez-vous. Léchez le délicieux dessert sur son sexe et ses tétons, caressez-vous les seins et la chatte… Vous le rendez fou de désir, mais dites-lui de rester bien sage et d'attendre votre permission. Faites-le languir ainsi et, au bout de deux heures seulement, laissez le volcan exploser de plaisir, de la manière qui vous conviendra.

215. *Reine d'un jour.* Quand vous gagnez un pari érotique, il doit se plier à vos ordres. Vous voudrez peut-être mettre une cravate autour du cou de votre esclave dénudé, pour symboliser sa servitude et lui faire faire une petite balade à l'occasion ? Vous préférerez peut-être qu'il vous prépare un bain moussant, avec lumière tamisée et champagne, et qu'il vous gratte le dos pendant que vous vous prélassez dans la baignoire ? Vous pouvez aussi lui demander de vernir vos ongles, de masser vos pieds ou de lécher vos seins pendant une heure entière. S'il s'exécute avec brio, il mérite une récompense : quelques baisers et caresses bien placés. Si vous n'êtes pas satisfaite de ses services, une petite tape sur les fesses, ou le pénis, lui rappellera qui commande. Si vous vous sentez particulièrement magnanime, accordez à sa lance soumise le refuge velouté de votre puits d'amour.

216. *Hell's Angel.* Toutes les femmes ont le secret fantasme d'être prises violemment ; si cette scène se passe dans les limites d'un jeu consensuel, elle peut être particulièrement excitante. Mettez des vêtements qu'il pourra facilement arracher, et donnez un blouson de motard à votre bandit au sang chaud. Entamez une course-poursuite au terme de laquelle il vous débarrassera sans ménagement de vos habits, et vous transpercera de sa lance pendant que vous criez au secours.

217. *Contrôle qualité.* Mettez-vous dans la peau de Maîtresse Marilyn : cuissardes brillantes, longs gants de cuir, soutien-gorge. Exigez un cunnilingus ou quelque autre gâterie. Et profitez de la situation pour lui apprendre exactement la manière de vous satisfaire : le rythme, le placement, la technique. Un bon travail mérite une récompense…

218. *SM virtuel.* Vous n'avez pas forcément besoin de cuir, de bondage ou d'intimidations verbales pour vous adonner à des jeux de domination et de soumission. Il peut vous suffire, légèrement vêtue, de lire des textes érotiques à votre amant ou de lui faire part de vos fantasmes en lui demandant de rester parfaitement sage. Vous pouvez aussi décider qu'un seul de vous deux a le droit de toucher l'autre. Dites-lui : « Si tu n'arrives pas à contrôler tes mains, je vais devoir te mettre des menottes… » Ou bien, alors que vous parlez de sexe, caressez son membre avec un bout d'étoffe. Mais n'allez pas plus loin, même s'il n'attend que ça.

219. *Le prestige de l'uniforme.* Une autre manière de prendre l'ascendant sur votre partenaire, sans vraiment faire quoi que ce soit d'agressif, est de vous travestir en dominatrice. Par exemple, avec un masque, avec ou sans plumes, des bas résille et un bandeau. Ou bien un tailleur noir, sans chemisier bien sûr, les cheveux tirés en arrière et des talons hauts. Choisissez un rouge à lèvres intense, souligné de crayon noir. Portez éventuellement un soutien-gorge en cuir. Paradez ainsi autour de lui : croyez-moi, il fera le reste !

Le délicieux plaisir du bandeau

En portant un bandeau, on découvre un autre monde, intime mais ouvert, mutilé mais aux sens aiguisés. Les hommes sont des êtres particulièrement visuels : pour eux, cette expérience peut être aussi exquise que déconcertante. Les magasins d'accessoires érotiques proposent une grande variété de bandeaux, mais les classiques loups en satin, vendus dans le commerce, sont aussi efficaces, tout comme une écharpe en soie ou en coton. Toutefois, le bandeau le plus coquin de tous est bien sûr votre propre petite culotte ! Et cette solution gagne en pouvoir érotique ce qu'elle perd en opacité. Vous pouvez faire votre shopping ensemble ou surprendre votre amant. Mais quels que soient votre choix et votre démarche, l'aura légèrement sulfureuse de cet accessoire allumera des brasiers au plus profond de vous.

220. Un truc utilisé par un certain nombre de dominatrices professionnelles est de bander les yeux de leur partenaire avant de se déshabiller. De cette façon, il sait et il sent que vous êtes nue, mais il ne peut pas vous voir, ce qui est terriblement excitant.

221. Bandez-lui les yeux. Soufflez sur son corps, agacez-le du bout des doigts, avec vos cheveux, vos seins, votre langue, vos cils et votre toison. Faites une pause. Puis, brusquement, engloutissez-le dans la moiteur de votre ventre ou de votre bouche.

222. Si vous l'exposez à différentes saveurs, odeurs et textures, alors qu'il a les yeux bandés, il va développer une sensibilité à fleur de peau. Passez un glaçon puis du miel tiède sur sa peau. Offrez-lui des fruits juteux, des noisettes croustillantes, de la crème glacée, du champagne pétillant. Caressez-le avec un tissu en daim, titillez-le avec une plume, massez-le avec un loofa ou une brosse. Faites-lui sentir de l'essence de vanille, un zeste d'orange, une huile parfumée, ou le parfum de vos dessous. Donnez-lui des baisers dans le bas du dos, puis une petite tape qui le surprendra.

223. Les yeux bandés, la fellation est une expérience complètement différente. Bandez-lui les yeux et sucez-le pendant au moins une demi-heure. Il va découvrir des sensations jusque-là inconnues.

L'art de la fessée

Voilà quelque chose de très « hot » ! Je ne parle pas des fessées douloureuses et humiliantes, mais de celles que l'on donne au plus fort d'une étreinte enfiévrée. Celles qui apportent à une peau déjà enflammée par le plaisir les sensations plus intenses qu'elle réclame. Le Kama-sutra consacre un chapitre entier aux diverses manières de frapper, et au plaisir que cela procure. Tentez l'expérience, vous ne serez pas déçue.

224. *Comment le faire sensuellement.* Au début, laissez courir vos doigts sur ses fesses. Creusez un peu votre main, les doigts serrés. Donnez-lui une fessée, dans un mouvement légèrement ascendant, ce qui procure plus de plaisir que le mouvement inverse. Pour ménager un agréable contraste, massez brièvement l'endroit que vous avez frappé. Le meilleur endroit à attaquer est d'ailleurs le quart inférieur interne de la fesse ; mais vous pouvez aussi taper le haut de ses fesses, et les autres zones charnues ou musclées. Que vous donniez une ou plusieurs fessées, faites-le dans un moment très « hot », quand la frontière entre le plaisir

JEUX DE RÔLES

Les jeux sado-maso s'accommodent parfaitement de déguisements et de rôles. Vous pouvez jouer de manière très solennelle, comme s'il s'agissait d'un rituel religieux, ou préférer la légèreté d'une comédie. Échangez vos rôles de temps en temps. Riez, étonnez-vous ! Mais n'oubliez pas : du fair-play et pas de prise de risques !

Rôle	**Accessoires**
L'amazone et son esclave sexuel	Panoplie de la princesse Xena, collier d'esclave, fouet
Le pirate et sa prisonnière	Bandana, sabre en plastique, vêtements faciles à arracher, musique de cape et d'épée
L'infirmière Ratched (Vol au-dessus d'un nid de coucou) et son patient	Petite robe et bas blancs, antiseptique, abaisse-langue
La soubrette et son maître lubrique	Tablier à frous-frous, jarretières, attaches en dentelle
La maîtresse d'école et son mauvais élève	Petites lunettes, vêtements guindés, règle
L'inquisiteur espagnol et l'hérétique	Tunique longue, chaînes, chants grégoriens

Rôle	**Accessoires**
La riche bourgeoise et son petit chien	Manteau de vison, talons, collier de chien
Le flic et son suspect	Casquette, insigne, lampe d'interrogatoire
Le capitaine de l'armée et l'agent secret prisonnier	Casque, veste militaire, menottes, marche militaire
La comtesse et son chauffeur	Bijoux, porte-cigarette, casquette à visière
Le dompteur et le lion	Chemise de safari, cuissardes, fouet, musique de cirque
La débutante et le maître-chanteur	Robe de bal, longs gants, argent factice
La reine de l'île des Amazones et l'imprudent aventurier	Sarong, couronne, tam-tams, panoplie d'Indiana Jones
Le cheval et son cavalier	Rênes, santiags, musique country

et la douleur devient floue, pour que vos coups ne risquent pas d'être mal perçus.

225. Mettez des gants en cuir ou en velours. Quand vous le frapperez au beau milieu d'une action torride, la sensation sera plus riche et plus sensuelle.

226. Fouettez-le avec une plume, un oreiller ou votre petite culotte.

227. Selon le Tantra, pour mettre ses reins en feu, rien de tel que des petits coups sur les tétons et le périnée. Attaquez-vous gentiment à ces zones très érogènes avec le poing ou d'une chiquenaude.

228. Simultanément, frappez ses fesses et caressez ou léchez sa Tige de Jade.

229. Tentez un contraste entre une frappe cinglante et la caresse d'un vibromasseur.

230. Alors qu'il vous prend vigoureusement en levrette, criez ou gémissez : « Frappe-moi, brute ! » Après tout, vous êtes emportée par sa puissance virile, non ?

231. Donnez une petite correction à son fier pénis. D'une main, maintenez le gland sur son bas-ventre, et de l'autre, tapez légèrement la hampe. Faites claquer vos doigts de bas en haut ; mais évitez le gland, c'est une zone trop sensible. Pétrissez son sexe, giflez-le doucement. Préparez-vous à des tremblements d'extase !

232. Quand vous avez atteint un plateau avant ou après l'orgasme, et que les lèvres de votre vagin sont gorgées de sang, demandez à votre partenaire de marteler votre vulve avec son sexe. Vous pouvez même atteindre l'orgasme de cette manière.

Les liens de l'amour

Beaucoup d'hommes adorent s'abandonner complètement aux désirs d'une femme dominatrice, et oublier le pouvoir qu'ils exercent dans leur vie professionnelle. En fait, les hommes demandent très souvent aux call-girls de les attacher ; c'est une expérience originale qu'ils n'ont pas à la maison. Le bondage ne vise pas à lutter contre d'éventuelles réticences, mais à augmenter la tension érotique. La simple idée que vous ne pourrez pas échapper à des sensations intenses est très excitante. De plus, le bondage a pour effet de tendre la peau et de l'exposer plus complètement, ce qui la rend d'autant plus sensible. Dans la mesure où chacun a confiance en l'autre, ce petit jeu où – et auquel – l'on s'attache ajoutera beaucoup d'adrénaline à votre répertoire sexuel.

233. *Bondage virtuel.* Vous pouvez amener en douceur l'idée du bondage en mettant votre amant dans une posture où il est sans défense : par exemple, demandez-lui de s'allonger sur le dos, les mains sous ses fesses, et de rester dans cette position, comme s'il était attaché. Mettez-le au défi de ne pas bouger, en le chatouillant ou en lui offrant une fellation explosive.

234. Commencez par un bondage en douceur : avec un foulard en soie ou une pièce de lingerie, attachez-le au lit. Puis racontez-lui un fantasme très impudique, tout en le caressant avec du cuir, de la fourrure ou une huile parfumée. Griffez légèrement son dos et ses fesses, et honorez le sceptre qu'il vous a momentanément abandonné.

235. *Extrême onction.* Crucifiez votre victime sur le lit avec du Velcro. Préparez une bonne bouteille de vin. Servez-vous un verre, trempez-y un doigt et glissez-le sur les lèvres de votre esclave. Trempez à nouveau votre doigt dans le vin et caressez sa poitrine. Continuez ainsi à cajoler tout son corps. Pour finir, trempez vos doigts dans votre puits d'amour et frôlez sa lèvre supérieure.

236. Sortez précipitamment les menottes – par exemple, alors qu'il vient de rentrer à la maison – et attachez-le, assis, à la porte d'entrée. Abandonnez-le à son sort et partez enfiler quelque chose de sexy : une guêpière noire, des jarretières et des talons aiguilles. Ne le laissez pas seul plus d'une ou deux minutes, on l'a vu plus haut. Papillonnez autour de lui et offrez votre sexe à ses lèvres. Une fois satisfaite, laissez-le à nouveau seul, bouillant de désir et d'excitation. Revenez dans une tenue de soubrette ou d'infirmière, ouvrez sa braguette et examinez son anatomie avec vos mains, vos seins et vos lèvres. Essayez plusieurs autres déguisements, pour lui offrir différentes parties de vous. C'est vous qui contrôlez son excitation, jusqu'à ce que le pic de fièvre soit atteint.

237. *Soin vivifiant.*

Faites-le s'allonger sur le ventre et, avec de la gaze, attachez ses mains ensemble d'un côté du lit, ses pieds de l'autre. Comme si vos poings étaient des marteaux, boxez-le sur tout le corps. Tapez-le avec la paume de votre main arrondie. Alternez les coups forts et plus légers et, de temps en temps, griffez sa peau vivifiée par vos soins. Étant donné la manière dont vous l'avez attaché, vous devriez pouvoir le retourner facilement et lui administrer les mêmes traitements côté face. Puis emparez-vous d'une paire de ciseaux, faites éventuellement goûter à sa peau brûlante la fraîcheur du métal en prenant un air diabolique, et libérez-le afin qu'il puisse se venger…

238. *Cow-girl.*

Procurez-vous une corde en pur coton. Un soir, alors qu'il ne s'y attend pas du tout, attrapez-le au lasso et attachez-le au lit, les pieds ensemble, les mains séparées. Dans votre tenue de cow-boy – santiags et bandana peuvent suffire –, échauffez-le, titillez-le sans répit et finalement, enfourchez votre monture pour la conduire jusqu'au nirvana.

PETITS TRUCS POUR BIEN ATTACHER

- *Vous rendrez une corde en coton plus souple en la lavant avec de l'assouplissant. Coupez-la ensuite en morceaux de deux et quatre mètres.*

- *Pour attacher ses poignets et ses chevilles au lit, prenez le milieu de la corde et enroulez-la plusieurs fois autour du membre avant de faire un nœud plat. Puis attachez l'ensemble au lit.*

- *Des bottes, des chaussettes ou des gants protégeront, au besoin, sa peau délicate, et ajouteront une touche un peu perverse.*

- *Pour attacher ses mains derrière son dos, placez ses poignets l'un sur l'autre dans le creux de ses reins afin qu'il puisse s'allonger confortablement. Glissez le milieu de la corde sous ses poignets, enroulez-la et rabattez les deux extrémités à travers la boucle initiale, en directions opposées, entre ses poignets. Terminez par un nœud plat.*

- *Un nœud à chaussure ou un demi-nœud peut être défait rapidement en cas de besoin. Par souci de sécurité, essayez de vous limiter à ce type de nœud.*

239. *Sandwich.* Enveloppez votre poitrine dans un film plastique étirable. Invitez votre amant à vous déballer lentement, à attacher vos mains derrière votre dos avec le film plastique et à vous savourer avec gourmandise.

240. *Bas de soie 1.* Vêtue d'une petite culotte et de bas de soie, dites-lui que s'il suit bien vos instructions, il aura droit à une récompense qu'il n'est pas près d'oublier… Faites-le s'allonger sur le lit, l'intérieur de ses poignets calé sur l'extérieur de ses cuisses. Enlevez vos bas avec arrogance et attachez ses bras à ses cuisses, en choisissant un nœud qui sera facile à défaire. Caressez-le jusqu'à ce qu'il ait une érection. La torture consiste à dédaigner son ardent appendice : au contraire, agenouillez-vous maintenant sur sa bouche. Abandonnez votre nid d'amour à ses lèvres. Quand les caresses de sa langue ont détrempé votre petite culotte, enlevez-la, laissez-la sur son visage et demandez-lui de poursuivre ses attentions buccales. S'il vous donne toute satisfaction, récompensez-le, comme promis.

241. *Bas de soie 2.* Enroulez l'un de vos bas noirs plusieurs fois à la base de son sexe dressé et serrez par un demi-nœud. Enveloppez ses testicules dans les extrémités du bas et léchez ses bijoux de famille à travers la soie, tout en pétrissant son membre gonflé. Vous pouvez aussi donner une petite tape à l'impertinent engin.

242. *Bas de soie 3.* Enroulez un bas à peu près à la moitié de son sexe, sans nouer les extrémités. Léchez, sucez et jouez de votre langue experte pour le mener plusieurs fois au bord de l'éruption, tout en serrant ou relâchant le bas. Enlevez soudainement la bride de soie au moment où le volcan fulmine…

243. Coupez en lambeaux une de ses vieilles chaussettes en coton : voilà qui fait d'excellentes attaches ! Ligotez ses mains derrière son dos, faites-le s'asseoir dans un coin et offrez-lui un strip-tease très « hot ». Il n'est pas en mesure de se soulager… mais vous, vous pouvez le faire suffoquer de désir en vous abandonnant à un orgasme torride.

244. *Coincé en réunion.* Préparez une chaise à roulettes et des rubans de velours. Invitez votre amant à s'asseoir et attachez-lui les mains derrière le dossier de la chaise. La peau de sa poitrine est légèrement tendue : profitez-en pour lécher et mordiller ses tétons sans aucune pitié. Asseyez-vous sur le bureau, écartez les jambes et relevez légèrement votre jupe, juste assez pour qu'il puisse apercevoir votre grotte de corail. Demandez-lui de faire rouler la chaise jusqu'à vous et de vous lécher, juste une fois. Continuez de l'exciter ; tendez-lui parfois les lèvres de votre succulent écrin à bijoux, parfois votre croupe tentatrice, jusqu'à ce que vous daigniez enfin vous empaler sur son pieu et lui faire perdre la tête.

245. Vous pouvez lui procurer une belle érection rien qu'en lui présentant votre poitrine bondée. La plupart des femmes disent qu'elles adorent cette sensation de compression : c'est comme si un homme pétrissait leurs seins à pleines mains. Et puis, ce bondage déploie voluptueusement vos mamelons, ce qui les rend d'autant plus sensibles. Dans les sex-shops, vous trouverez toutes sortes de soutiens-gorge en cuir et chaînes prévus à cet effet ; mais vous pouvez aussi couper les bonnets d'un soutien-gorge classique que vous aurez choisi trop petit de quelques tailles. Encore plus excitant : offrez de longues écharpes en soie à votre maître, et demandez-lui de bien les attacher en haut de votre buste. Il sera pétrifié de désir à la vue de vos globes distendus et à l'idée que vous êtes soumise à son plaisir.

246. Habillée en maîtresse d'école, faites s'agenouiller le vilain petit garçon derrière le dossier d'un fauteuil, et attachez ses poignets aux accoudoirs, avec des lacets en coton. Réchauffez ses fesses nues à coups de baisers et de caresses avant de lui administrer quelques fessées avec une raquette de ping-pong, une brosse ou un double-décimètre. Faites une pause : embrassez ses fesses, massez son pénis et murmurez à son oreille les progrès que vous attendez de lui, avant de lui infliger une nouvelle série de corrections. Plus il s'excite, plus il voudra être sévèrement puni…

247. *Secrets de l'Orient.* Il paraît que les GI américains dépensaient des sommes exorbitantes pour cette spécialité orientale. Croisez ses chevilles, attachez-les avec un fil solide et faites-le s'allonger sur le dos, jambes repliées. Asseyez-vous sur sa poitrine, en lui tournant le dos, et enduisez sa Tige de Jade de crème fouettée, de bas en haut. Penchez-vous et prenez à pleine bouche le délicieux bâtonnet ; immobilisez ses jambes écartées avec vos bras. Léchez-le et sucez-le avec gourmandise. Au moment où il atteint l'orgasme, retirez-vous et coupez les liens avec une lame acérée.

248. Attaquez-le au moment où il s'y attend le moins : quand il se lave. Attachez ses mains à la barre de la douche ; sous le jet d'eau chaude, donnez-lui quelques tapes, griffez sa peau pleine de savon… et ouvrez le robinet d'eau froide pour un petit choc thermique !

249. Attendez qu'il ait une belle érection et enfilez six élastiques à cheveux – de ceux qui sont recouverts de tissu, bien sûr – sur sa « queue-de-cheval ». Le jeu consiste à les enlever l'un après l'autre, avec vos lèvres, votre langue ou vos dents. Cette petite expérience va le rendre fou de désir, et la pression des élastiques retardera son orgasme jusqu'à ce que vous ayez réussi à retirer le tout dernier d'entre eux.

250. Sur son oreiller, déposez dans un sac *Histoire d'O*, ou bien *Les Infortunes de la Belle au Bois Dormant* d'Anne Rice (publié sous le pseudo de A. N. Roquelaure), ainsi que tous les accessoires nécessaires pour jouer une des scènes de bondage de ces livres. N'oubliez pas de souligner les passages importants…

251. *Les draps de l'enfer.* Vous trouverez dans les sex-shops des draps un peu particuliers : ils sont garnis de bandes Velcro aux endroits stratégiques, qui permettent de clouer au lit une innocente victime, bras et jambes écartés. Faites-lui la surprise un soir : repoussez les couvertures et laissez-le deviner à quoi servent ces étranges pièges en Velcro… Tirez à pile ou face pour savoir qui sera le maître et qui sera l'esclave.

252. *Massage japonais.* Attachez ses mains et ses pieds de manière qu'il ne puisse plus bouger. Stimulez à la fois sa bouche et son pénis avec vos mains, votre langue, vos seins et votre chatte humide. Puis enfourchez sa poitrine, en lui tournant le dos, et empoignez sa verge brûlante, en tendant la peau à sa base. De l'autre main bien lubrifiée, masturbez-le rapidement de bas en haut, une quinzaine de fois, au rythme d'une caresse par seconde. Puis sept fois plus rapidement et vigoureusement. Continuez ainsi en boucle, presque jusqu'à l'orgasme. Pendant ce temps, déhanchez-vous sur son torse. Appliquez les techniques de compression (voir p. 82) pour retarder son orgasme. Quand son excitation est retombée, recommencez à le masturber, à vous déhancher et à retarder l'éjaculation. Amenez-le ainsi au moins trois fois au bord de l'orgasme, avant de lui permettre enfin d'échapper à votre contrôle.

253. *Le dressage du tigre.* Une fois, de temps en temps, pourquoi ne pas enchaîner cet animal sauvage qui vit dans les caleçons ? Le plus simple est d'utiliser un cockring en cuir, une lanière ajustable de moins d'un centimètre de large et de quinze à vingt-cinq centimètres de long. Enroulez-la à la base du pénis encore sage, ou autour du pénis et des testicules, et donnez quelques gentilles tapes. Quand le sexe commence à se raidir, la pression du cockring augmente : attention à ne pas trop serrer dès le départ. Domptez l'animal féroce de vos mains bien lubrifiées : pincez, caressez, tapez, martelez... Il demande maintenant des sensations plus fortes. Tirez sur ses poils pubiens et donnez une énergique chiquenaude à son membre gonflé. Au bout de quinze à vingt minutes, il est préférable d'enlever ou de déplacer la lanière, pour ne pas gêner la circulation sanguine ; mais vous n'êtes pas obligée de la retirer après l'orgasme. Si vous préférez, vous pouvez utiliser une cravate, un foulard, un string ou un film plastique pour le bondage ; assurez-vous simplement que ce dernier sera facile à enlever ou à couper. Le tigre va rugir de désir...

254. *Pince-homme.* Testez d'abord une pince à seins ou une banale pince à linge en bois sur vous-même, pour vous rendre compte de la pression ; par exemple, entre le pouce et l'index ou sur vos tétons. Attachez votre partenaire, jambes et bras bien écartés. Quand il est légèrement excité, attachez une pince sur son nombril, ses lobes d'oreilles, à la base de ses tétons ou sur la peau détendue de son pénis ou de ses testicules. Léchez-le, mais ne frictionnez pas et ne tirez pas sur la peau. Ne négligez pas le reste du corps. Il ne faut pas laisser les pinces plus de cinq minutes : retirez-les délicatement, car l'afflux de sang peut être plus douloureux que le pincement en lui-même. S'il apprécie la pression d'un bondage, il va adorer cette pratique.

Les stigmates de l'amour

D'après le Kama-sutra, les marques que se laissent les amants sont des signes sacrés de leur amour, qui réveillent le sentiment de passion quand ils les admirent après coup. Ces souvenirs charnels peuvent être particulièrement évocateurs s'ils sont laissés à la veille d'une séparation de quelques jours.

255. *Griffures.* Dans le feu de la passion, quand la douleur d'une griffure devient une jouissance, laissez vos ongles labourer son dos, ses épaules, ses bras et ses fesses. Le Kama-sutra parle de la « Griffe du tigre » pour désigner les sillons droits ou incurvés que vous laisserez sur son corps. Plus artistique, la « Patte de paon » : autour de ses tétons, c'est une série de demi-lunes créées par la pression de vos ongles ; ou la « Nouvelle lune » : une seule pression en forme de croissant sur sa hanche.

256. *Morsures.*
Pendant vos étreintes torrides, plantez vos dents dans la chair de son épaule ou de son avant-bras, comme un lion malmenant sa proie, et laissez vos marques au hasard. Variante plus esthétique : asseyez-vous sur sa poitrine, maintenez sa tête en arrière et dessinez un « Bijou de corail » dans son cou, par une pression insistante entre les dents du haut et la lèvre inférieure. Plus ambitieux encore, le « Collier de gemmes » : une succession de bijoux de corail tout autour de son cou. Gémissez lentement pendant que vous lui infligez ces morsures : terriblement érotique !

257. *Vampirella.*
Faites-lui un bon vieux suçon, mais à un endroit inhabituel, où personne d'autre que lui ne pourra le voir : près du téton ou à l'intérieur des cuisses.

Épilogue

Après des jeux d'une telle intensité, il est essentiel de vous ménager un sas de décompression, un moment à deux plein de tendresse et de douceur. Débarrassez-vous de tous vos accessoires et reprenez vos rôles habituels. Blottissez-vous l'un contre l'autre, embrassez-vous, faites l'amour très tendrement. Dorlotez votre partenaire : préparez-lui un bain parfumé ou son petit plat préféré. Ou, tout simplement, proposez-lui de boire quelque chose pendant que vous discutez tous les deux de ce que vous avez aimé et de ce qui vous a déplu. Expliquez-lui que les maîtresses ont aussi besoin de câlins, et soyez prête à recevoir une attention de sa part, par laquelle il voudrait vous montrer que vous êtes sa reine adorée. Ces petites gentillesses vous encourageront à renouveler des expériences sexuelles toujours plus imaginatives et plus riches.

10

LES RITUELS AMOUREUX

> « *Les lits nuptiaux sont des autels.*
> *Les êtres sont des temples*
> *qui rencontrent des temples,*
> *le saint des saints recevant*
> *le saint des saints.* »
>
> *Matthew Fox,* Le Christ cosmique

Quand on fait l'amour, les conventions de tous les jours volent en éclats. Souvent, nos comportements se transforment et nous atteignons parfois des états de conscience différents, qui peuvent même nous apprendre beaucoup sur nous-mêmes. Si l'on parvient à transformer l'énergie sexuelle primaire en un rituel sacré, on devient de véritables magiciens de l'amour : chaque baiser, chaque regard se remplit alors de sens.

Qu'il s'agisse d'allumer quelques bougies ou de mettre en scène trois heures de cérémonial, peu importe : le rituel, quel qu'il soit, place nos jeux amoureux en dehors de la réalité ordinaire et nous donne le droit d'être solennels ou grivois, selon nos envies. Dans cet autre monde, l'intimité sexuelle devient un art, et la communication, une communion des âmes.

Le rituel du bain

258. *Bain de champagne.* Les bulles de savon, c'est sympathique, mais avec du champagne, le bain prend tout de suite une autre dimension ! Prenez quelques bouteilles de mousseux – pas la peine de faire des folies –, deux verres en cristal, un savon parfumé et un petit bol en plastique. Soignez le décor : bougies, serviettes molletonnées et, pourquoi pas, quelques statuettes de déesses dénudées. Debout dans la baignoire remplie d'eau chaude, versez le champagne entre vos corps enlacés. Prenez-en une gorgée et baptisez la poitrine de votre partenaire, son dos et son sexe. Embrassez-le, la bouche pleine de champagne. Puis servez-lui un verre et demandez-lui de s'asseoir. Posez un de ses bras et une de ses jambes sur les vôtres et lavez-les tendrement avec un loofa. Plongez votre petit bol dans l'eau du bain et versez-en lentement sur ses membres pour les rincer. Une fois que vous vous êtes occupée de toutes les parties de son corps, placez-vous derrière lui et caressez-le de tout votre corps ; versez de l'eau sur sa nuque. Puis, enveloppez-le dans une serviette pour le sécher et, d'un baiser, invitez-le à sortir.

COMMENT PRÉPARER UN RITUEL ?

Bien sûr, cela peut prendre du temps et vous demander un peu de réflexion ! Mais toute cette préparation, la recherche d'éventuels accessoires et les étapes du rituel sont autant de stimuli de la passion qui convient l'esprit de Dionysos dans votre chambre à coucher !

Mettez toujours ces trois ingrédients dans votre élixir d'amour :

***Ingrédient n° 1 :** LA PRÉPARATION. Le désir transforme le banal en sublime. Pour transformer l'acte sexuel en un rituel, il faut commencer par le désirer, et laisser l'amour – ou quelque chose de plus grand que vous – vous guider. Débarrassez-vous des soucis de la journée passée : préparez-vous un bain, un peu de parfum, ou tout ce qui est susceptible de vous libérer l'esprit. Rassemblez tous les accessoires dont vous avez besoin, respirez profondément et conviez un esprit de mystère, d'érotisme et de délire à prendre possession de votre âme.*

***Ingrédient n° 2 :** L'AMBIANCE. Un climat romantique, mystique, ou tout simplement différent, a le pouvoir de briser la routine et de vous transporter tous les deux dans un royaume de sensations nouvelles. Allumez des bougies, faites brûler de l'encens, préparez des draps de satin, des huiles parfumées, des images érotiques, un éclairage tamisé et quelques fleurs : des hibiscus par exemple, aux étamines saillantes et d'un rouge magnifique. Ou alors, dans un style plus zen, optez pour des couleurs tout en beige et blanc, des draps impeccables et sobres, et un* *unique lis calla près du lit. Vous pouvez consacrer un autel à votre complicité amoureuse ; chacun y déposera ses icônes personnelles. Sur le sol de la chambre, une couverture vous invite à prolonger vos jeux sexuels. Revêtez une robe diaphane, des voiles et des bijoux, ou un simple collier de perles, selon que vous vous sentez déesse ou sirène. L'important est qu'en pénétrant dans votre antre d'amour, vous vous disiez : « Je suis dans un autre monde ! C'est magique ! »*

Ingrédient n° 3 : LES ACTES. *Les rituels se fondent sur des actes extraordinaires, au sens premier du terme. Pour marquer le début de la cérémonie, offrez-vous un cadeau, faites sonner un carillon, oignez-vous d'huile ou invoquez l'esprit de la passion et de l'amour. Échangez de longs regards, parlez-vous amoureusement. Les massages et les caresses prolongeront ces préliminaires jusqu'à ce que la fièvre s'empare de vous. Laissez alors votre imagination et vos sensations se répandre en une communion exaltée des corps. Puis soufflez les bougies…*

Rituel express. *Un rituel n'a pas besoin d'être élaboré et ne dure pas forcément longtemps. Ce n'est pas incompatible avec un « quickie ». Il vous suffit d'utiliser un soupçon de chacun des trois ingrédients ci-dessus. Concentrez-vous mentalement sur la préparation. Par exemple, vous pouvez fantasmer sur votre corps et celui de votre partenaire ; allumer un bâton d'encens ou mettre un vêtement dans lequel vous vous sentez divine ; il ne vous reste plus qu'à embraser le trident de Shiva !*

259. *Bain de pieds.* Le fait de laver les pieds était un signe de respect et de loyauté envers le roi : votre amant va se sentir particulièrement choyé ! Préparez un récipient rempli d'eau chaude, des serviettes et de l'huile parfumée. Invitez-le à s'asseoir sur une chaise confortable. De l'encens, un peu de musique et une lumière douce achèveront de le détendre. Déposez un baiser sur ses pieds en les plaçant dans l'eau ; puis, servez-lui un verre, faites-lui un peu de lecture, ou massez ses mains pendant qu'il fait trempette. Après quelques minutes, lavez délicatement ses pieds. Rincez-les avec une serviette moelleuse trempée dans l'eau. Puis offrez-lui un massage sensuel à base d'huile parfumée. Terminez par un nouveau baiser sur les pieds de votre prince.

260. *Shampooing.* Imaginez que vous êtes l'une des sensuelles masseuses d'un temple de l'amour de l'Antiquité. Dans la salle de bains éclairée de bougies, conviez votre amant à une séance de massages relaxants. Installez-le sur une chaise, une serviette sous la nuque, pour que sa tête repose en arrière sur le bord du lavabo. Proposez-lui un verre de vin, faites brûler un bâton d'encens à la lavande – c'est l'une des senteurs préférées des hommes –, et déposez une serviette tiède sur ses yeux. Avec un brumisateur ou une carafe d'eau, mouillez ses cheveux, puis versez une noix de shampooing parfumé ou tonifiant au creux de votre main. Massez en petits cercles son cuir chevelu, ses tempes et la racine de ses cheveux. Faites glisser la mousse depuis la racine jusqu'à la pointe. Penchez-vous sur son visage pour qu'il se délecte des effluves exquis de votre poitrine. Rincez, appliquez une lotion fruitée et laissez reposer ; pendant ce temps, déposez quelques baisers sur ses paupières et ses sourcils. Rincez la lotion et enveloppez sa tête dans une serviette tiède. Soufflez les bougies et tirez votre révérence.

Les lieux de cérémonie

261. *L'autel du plaisir.* Un autel consacré à vos jeux amoureux constituera un point de repère, une manière de concentrer votre énergie sensuelle et d'exhorter l'esprit de la passion à s'emparer de vous. À chaque fois que vous passerez devant lui, il stimulera votre érotisme. Encouragez votre amant à dresser cet autel avec vous : cela l'aidera à envisager le sexe comme un moment de magie partagée, et non comme une performance physique ou une fin en soi. Recouvrez une commode ou une table basse d'un tissu rouge, et placez-y plusieurs objets qui évoquent l'intensité de vos sensations sexuelles : des bougies rouges, des bâtons d'encens au jasmin, de l'huile de massage, une boîte de Poudre de miel du Kama-sutra ; peut-être une pierre phallique, un coquillage en forme de vagin, une statue d'Aphrodite et d'Adonis, une photo de vous deux, un souvenir de vacances romantiques, un mot doux, votre accessoire favori. Si vous entamez chaque rituel amoureux en allumant les bougies et l'encens, ou en caressant simplement l'une de ces icônes, vous le placerez sous le signe du sacré. Et le simple fait qu'un tel autel trône dans votre chambre donnera à vos ébats quotidiens l'éclat du sublime.

262. *Tel lit, telles nuits.*

C'est dans des lieux sacrés que se déroulent les événements extraordinaires. En été, mon lit est drapé de soie de Bali et, en hiver, de velours et de plumes. Suspendez un élégant déshabillé en dentelle ou un kimono brodé sur la colonne du lit, disposez des bougies sur les tables de nuit. Recouvrez votre lit d'un édredon moelleux ou d'une couette duveteuse, et empilez quelques coussins de velours et de satin. Prévoyez une descente de lit en fourrure : parfait pour s'agenouiller au pied du lit et accomplir certaines positions qui demandent un appui. Dans la Rome antique, le lit était souvent placé sous la protection du dieu ou de la déesse qui bénissait l'union des époux. Pour votre touche finale, choisissez un symbole de votre couple : une photo à laquelle vous tenez particulièrement, votre voile de mariée, un lion en peluche, parce que c'est votre signe astrologique à tous deux…

263. *Le Feng Shui amoureux.*

Cet art ancestral chinois a pour but d'harmoniser les énergies qui nous entourent. Selon le Feng Shui, la position des meubles et des objets dans une pièce a une influence sur de nombreux domaines de notre existence. Pour une vie amoureuse épanouie, le Feng Shui recommande de porter nos attentions sur la zone du couple et de l'amour dans nos maisons : dans une pièce, celle-ci se situe à l'angle droit du mur qui fait face à la porte d'entrée. Ne laissez pas cette zone en désordre et décorez-la avec des objets qui vont par deux : deux fleurs, deux cœurs, deux statuettes... Vous pouvez y mettre des photos de vous et de votre partenaire, ou de votre amant idéal ; des objets de couleur rouge, rose ou blanche ; des citations sur l'amour ou l'érotisme ; des plantes ; des lampes ou des bougies ; des souvenirs de votre lune de miel ; des miroirs ; des symboles de votre amour. Chez moi, dans la zone du couple et de l'amour, il y a des plantes de près de deux mètres, des sculptures de couples enlacés, des amulettes sexuelles africaines et deux bougies très originales. J'ai même posé une photo de mon chéri sur le coin arrière droit de mon bureau : c'est l'homme que j'ai rencontré peu de temps après avoir appliqué les principes du Feng Shui dans mon appartement. Chaque fois que je mets de nouvelles fleurs ou de nouveaux objets symboliques dans cette zone, notre relation affective et sensuelle prend une nouvelle tournure excitante !

Le rituel du massage

L'art du massage est l'un des plus prisés des arts érotiques orientaux. Au-delà d'un effet relaxant, ce contact privilégié d'une peau contre une autre libère un flux d'hormones, et ajoute quelques barreaux sur l'échelle du plaisir orgasmique. N'importe quel massage peut devenir un rituel érotique, pour peu que vous y mettiez les formes : des bougies, de l'huile parfumée, une musique sensuelle, des linges très doux, et surtout l'intention de convoquer les sylphes de l'amour.

264. *Corps à corps.*

Invitez votre amant à vous rejoindre dans une pièce bien chauffée, préparée par vos soins, où vous serez sa masseuse nue du temple d'Aphrodite. Faites-le s'allonger sur le ventre et commencez à caresser tout son corps, du bout de vos doigts chargés d'électricité érotique. Mettez-vous à califourchon sur ses hanches, pour qu'il puisse sentir la chaleur de vos cuisses. Enduisez vos mains d'huile d'amande, et versez-en éventuellement un filet au creux de ses reins. Pendant que vous le massez, penchez-vous vers lui, caressez-le de vos cheveux et du bout des seins, mordillez son oreille. En descendant de votre monture, frôlez ses fesses et l'intérieur de ses cuisses avant de lui demander de se retourner. S'il est allongé sur le sol, agenouillez-vous à hauteur de sa tête et laissez vos cheveux, votre poitrine et votre mont de Vénus effleurer son visage pendant que vous le massez. Partez des extrémités de ses membres puis concentrez-vous sur le cœur de sa virilité. Massez fermement le périnée, en petits cercles. Puis remontez et intensifiez votre massage et vos mordillements ; ou asseyez-vous entre ses jambes pour le gratifier d'une des caresses abordées dans le chapitre 6. Finissez par une chevauchée fantastique, ou glissez une couverture sur son corps et laissez-le voguer vers le pays des rêves érotiques.

265. *Acupression aphrodisiaque.* Si vous vous concentrez sur certains points sensibles, vous pouvez révéler la seconde nature érotique de votre partenaire. Comme dans la tradition de l'onction, qui conférait la force de lutter contre la maladie, déposez un peu d'huile sur ses paupières, entre ses sourcils et sur tous les autres points que vous voulez embraser. Puis massez, léchez, tapotez ou pressez votre poitrine contre ces « prises électriques » :

- le bout des doigts et des orteils
- le creux du bassin de la clavicule
- cinq centimètres sous le nombril
- le haut des pommettes
- l'intérieur du coude
- le centre d'érection secret (voir p. 121)
- les lobes des oreilles
- autour des genoux
- sous le poignet
- près de la colonne et au niveau de la taille
- entre les omoplates
- le quart inférieur interne de chaque fesse
- le gland
- la naissance des poils pubiens

266. *Prise en main.* Servez-lui un verre, mettez un disque de Miles Davis, une lumière tamisée, et occupez-vous de ses mains, qui se donnent tant de mal pour vous satisfaire. D'abord, faites-les tremper dans un bol contenant de l'eau tiède et de l'après-shampooing. Puis, une main à la fois, massez longuement du poignet jusqu'au bout des doigts. Avec vos pouces, caressez en rond ses paumes ; pétrissez chacun de ses doigts entre votre pouce, votre index et votre majeur. En le regardant dans

CÉRÉMONIAL PHALLIQUE

Comme les prêtresses de l'amour de l'Antiquité, vous pouvez emmener votre amant au septième ciel en honorant son pénis avec toute l'adoration qu'il mérite. Après tout, c'est bien lui qui vous procure à tous deux le plus merveilleux des ravissements...

Préparez votre chambre avec des fleurs, des bougies, des huiles parfumées et un bol d'eau pure, comme lors des anciens rites d'adoration du phallus. Voilà une bonne occasion de mettre à profit l'autel du plaisir que vous avez dressé, en exhibant par exemple une icône phallique particulière.

- *Installez votre roi sur son trône de coussins de velours et de satin, à demi allongé, bien exposé.*
- *Approchez-vous de lui de manière révérencieuse et enjouée. Vous êtes nue, à part une fleur dans vos cheveux. Mettez un rouge à lèvres intense, de manière qu'il voie bien vos lèvres sur son sexe.*
- *Agenouillez-vous à ses pieds et lavez son membre sacré avec un linge doux et humide.*
- *Bercez-le doucement dans votre main et dites quelque chose comme : « Je suis venue me prosterner devant ce délicieux sceptre d'amour qui me donne l'impression d'être une déesse. »*
- *Si vous voulez l'honorer manuellement, enduisez le gland, les testicules et le périnée d'huile parfumée. Lubrifiez soigneusement vos mains et pétrissez son sexe, ainsi que le bas de son ventre. Massez-le doucement jusqu'à ce qu'il gonfle de désir, et gratifiez-le de votre technique préférée, parmi celles du chapitre 6.*

- *Si vous décidez de l'honorer oralement, concentrez toute votre sensualité dans votre bouche et commencez par lécher et caresser l'intérieur de ses cuisses et son ventre. Léchez doucement le gland jusqu'à ce qu'il durcisse. Alternez les bonnes vieilles techniques et les méthodes plus exotiques abordées dans le chapitre 6. De temps en temps, faites une pause, passez votre langue sur vos lèvres et faites « Mmm... ».*
- *Continuez le traitement de faveur qu'il a le plus apprécié, jusqu'à ce que la source jaillisse. Buvez son nectar ou couvrez-en votre poitrine et votre mont de Vénus.*
- *Pendant qu'il redescend lentement du septième ciel, caressez ses cuisses, son ventre et ses fesses, en gardant son sexe bien au chaud dans votre bouche ou votre main.*
- *Puis lavez-le tendrement avec un linge tiède, et posez une couverture sur son corps. Bercez-le jusqu'à ce qu'il s'endorme, ou tirez votre révérence avec élégance.*

les yeux, embrassez ses paumes et sucez chacun de ses doigts, comme si c'était un pénis miniature. Pour terminer, prenez ses mains dans les vôtres et dites-lui à quel point elles réveillent votre sensualité. Ou posez ses doigts émoustillés sur votre poitrine et laissez-le prendre le relais...

Cérémonies intimes

267. *Rasage (pour lui).* Voilà des siècles que l'art du rasage intime se pratique. C'est une merveilleuse manière de renforcer la confiance et la complicité entre les deux partenaires. S'il est un peu réticent, vous pouvez :

– lui expliquer que le rasage va augmenter sa sensibilité génitale ;

– lui dire que vous mourez d'envie de couvrir de baisers son pubis imberbe ;

– lui promettre qu'il pourra vous faire la même chose.

Prenez une paire de ciseaux, un rasoir qui n'a été utilisé qu'une ou deux fois, de la mousse à raser, une petite cuvette d'eau tiède, une serviette et de l'huile adoucissante. Légèrement vêtue, faites votre entrée avec tous ces accessoires, ainsi qu'un vase rempli de fleurs sur un plateau. Installez votre amant sur des coussins et faites-lui des compliments sur sa virilité, pendant que vous commencez à éclaircir la zone pubienne à l'aide des ciseaux. Avec la serviette trempée dans l'eau tiède, faites ensuite une compresse afin d'assouplir les poils raccourcis : ils seront plus faciles à enlever. Enfin, appliquez la mousse à raser et faites disparaître délicatement toute trace de pilosité. Mettez un peu d'huile adoucissante pour apaiser le feu du rasoir, tout en exprimant votre ravissement de voir son sexe ainsi exposé.

268. *Rasage (pour elle).* Donnez-lui une invitation écrite de votre main le conviant solennellement à votre épilation virginale. Choisissez un lieu et une heure et donnez-lui des instructions. Dites-lui notamment qu'il devra être nu ; il se sentira ainsi plus vulnérable, et ses gestes seront certainement plus délicats. Rassemblez tout le matériel dont il a besoin, ainsi qu'un appareil photo. Si vous le voulez, prenez un bain au préalable pour assouplir votre toison. À la fin de la cérémonie, demandez-lui de prendre une photo de votre mont de Vénus épilé, qu'il pourra conserver précieusement au fond de son portefeuille…

11

TANTRA ET AUTRES SECRETS DE L'ORIENT

> *« Que ton arme vibrante, dure comme un diamant, pénètre mon lotus soyeux ! Donne des milliers de coups dans ma fleur de chair à trois pétales. Introduis ton précieux Vajra et sacrifie ton esprit sur l'autel du plaisir ! »*
>
> *Chandamaharosana Tantra*

Les Indiens et les Chinois, tout comme les Polynésiens et les Indiens d'Amérique, croyaient que le sexe était un cadeau sacré des dieux, et que les femmes étaient la clé qui permettait de l'ouvrir. On apprenait aux hommes à satisfaire une femme en lui offrant de multiples orgasmes, un état divin auquel elle pouvait le mener en retour.

Pour qu'une femme atteigne l'extase, les sages conseillaient aux hommes de ralentir et de « l'adorer en esprit comme un gourou ». Les femmes, quant à elles, devaient se concentrer sur leur plaisir. Par exemple, quand votre partenaire vous prouve son « adoration » par une pénétration très profonde, concentrez votre attention sur le point précis où vous le recevez. Si vous absorbez littéralement chaque impact, vos sensations seront bien plus intenses, jusqu'à se répercuter dans chaque cellule de votre corps. Rayonnez de sensualité : cela fera de vous une femme capable de transformer une banale partie de jambes en l'air en une expérience sexuelle divine.

Préliminaires torrides

269. *L'étreinte céleste.* Voilà un charmant préliminaire, et une technique de bondage parfaite pour commencer la journée. Cette douce étreinte, selon vos intentions, apaisera ou enflammera vos sens. Agenouillez-vous l'un en face de l'autre, puis asseyez-vous sur vos talons et avancez l'un vers l'autre jusqu'à ce que vos genoux se touchent. Penchez-vous vers l'avant et posez le visage, de côté, sur ses genoux, les mains sur ses cuisses. Il vous enveloppe en se penchant à son tour : sa joue repose au milieu de votre dos, ses mains au niveau de vos reins. Ensemble, respirez lentement et fondez-vous dans cette étreinte. Échangez vos positions quand vous sentez le moment venu.

LA VIBRATION TANTRIQUE

Si l'on est puriste, les pratiques sexuelles du Tantra et du Tao peuvent sembler trop compliquées à nos yeux d'Occidentaux. Mais il suffit d'adapter quelques techniques pour ajouter à notre guise une dose de frissons orientaux à nos ébats amoureux.

• LAISSEZ MONTER LE DÉSIR. *Dans l'amour à l'orientale, les positions ne permettent pas toujours beaucoup de mouvements. Adoptez-les seulement après avoir passé du temps en délicieux préliminaires et avoir atteint un palier d'excitation. Alors, vous pourrez rester dans un état pré-orgasmique pendant un long moment d'extase.*

• AIGUISEZ VOS SENS. *Les adeptes du Tantra et du Tao cultivaient un haut niveau de conscience de chaque sensation. Comme eux, apprenez à jouir de la douceur d'une peau contre une autre ; d'une respiration haletante ; de l'odeur de ses phéromones ; de battements de cœur qui s'emballent ; du bruit des cuisses qui claquent ; et de l'exquise turgescence de votre vulve. L'intensité de ces sensations se diffusera en vous... et entre vous.*

• IMAGINEZ QUE VOUS ÊTES DES DIEUX DE L'AMOUR. *L'amour à l'orientale doit en partie sa force à la vénération mutuelle qu'il prône. Élevez-vous au rang d'Aphrodite ou de la déesse aux serpents minoenne. Rendez hommage à la beauté de votre Adonis et à la puissance de votre Atlas. Vous êtes Shiva et Shakti s'accouplant pour créer l'univers. Leur exaltation inspirera votre sensualité.*

> • DONNEZ DES MOTS À VOTRE PASSION. *Les mots utilisés pour décrire le sexe de l'homme et de la femme sont si beaux qu'à eux seuls, ils sont tout un programme… Pour vous : la Chambre de Béatitude, la Vallée de la Chambre profonde, la Caverne de Jade, le Lotus rouge, la Caverne de Cinabre… Pour lui : la Tige de Jade, le Serpent arc-en-ciel, le Bâton de Lumière, le Champignon d'Immortalité, le Dragon céleste… Utilisez ces noms pendant que vous faites l'amour, et invitez leur puissance évocatrice à enflammer votre cœur, votre esprit et votre libido.*
>
> • CONCENTREZ-VOUS SUR LA VIBRATION. *Les positions orientales sont complexes et défient la gravité. Mais elles visent toujours un but : par exemple, une pénétration très profonde, un angle de vue particulier, un plaisir féminin plus intense. Alors, tirez le meilleur de chacune d'elles et concentrez-vous sur la Vibration. De la même manière qu'un fantasme peut enflammer vos sens, votre attention décuplera la sensation sur laquelle elle se porte, et la gravera un peu plus dans votre corps, et dans celui de votre amant.*

La Vibration : souffle chaud sur les parties sexuelles, contact électrique de peau à peau, profonde communion.

270. *Le baiser du Kama-sutra.* Pour les adeptes du Tantra, le baiser n'est pas seulement un moment sensuel très riche. C'est aussi l'occasion de mêler les nectars amoureux et d'intensifier la relation. Que ce soit pendant les préliminaires, ou au plus fort de l'action, prenez le temps d'en faire un art. Du bout de la langue, caressez langoureusement ses lèvres ; alternez de nombreux baisers et quelques petits mordillements le long de sa lèvre inférieure. Votre langue est un sexe qui pénètre sa bouche ; vos lèvres, un vagin qui l'enserre. Puis, invitez son muscle buccal dans la douceur de votre bouche – un symbole d'une autre pénétration –, et buvez l'élixir de vos salives.

La Vibration : vertigineuses sensations au niveau des lèvres, qui rappellent les interminables baisers de l'adolescence ; la chaleur électrique du souffle du partenaire.

271. *La morsure du sanglier.*

Selon le Kamasutra, mordre est le meilleur moyen de réveiller les passions endormies. Quand votre amant et vous commencez à haleter de désir, mordillez discrètement, mais sans équivoque, sa nuque, ses oreilles, ses tétons et l'intérieur de ses cuisses. Vous pouvez saisir et tirer un peu de peau entre vos dents, ou seulement effleurer la chair : le Tantra vous promet que « l'amour ne faiblira jamais, même après un siècle ».

La Vibration : surprise, contraste, sensation intense, expression candide d'un désir animal.

272. *La prune chinoise.*

Coupez une prune en deux et enlevez-en le noyau. Posez une moitié du fruit au sommet de son sexe dressé et pressez-la légèrement pour que le jus dégouline sur la hampe. Le moment venu, laissez-le introduire son membre chapeauté profondément en vous. Le fruit va tomber à l'intérieur de votre tunnel : mettez votre amant au défi de le récupérer avec la langue. Une fois l'épreuve réussie, vous pouvez presser la prune sur vos corps ou la manger.

La Vibration : saveur exotique et fruitée, sensation de plénitude intime.

273. *Le 69 sacré.* Selon la tradition amoureuse orientale, le mélange des fluides buccaux et génitaux est censé produire un élixir apaisant pour les amants. Cette vertu est accentuée si vous pratiquez un 69 en position légèrement surélevée. Faites-le s'asseoir sur le sol, les jambes droit devant lui, les mains légèrement derrière le dos. Il doit pouvoir se surélever un peu, au besoin à l'aide d'un coussin. Mettez-vous, à peu près, à quinze centimètres de son visage, face à ses pieds, et penchez-vous vers l'avant pour prendre appui sur le sol, près de ses cuisses. Dans cette position, votre bouche et votre Bouton de Jade sont prêts pour de mutuelles embrassades. Si vous êtes vraiment très souple, vous pouvez vous retourner et arquer votre buste jusqu'à atteindre sa flûte enchantée, tout en offrant vos deux globes et votre vulve à ses lèvres gourmandes. Quelle chance il a !

La Vibration : sensations plus intenses dans les reins ; frisson de l'aventure.

Un missionnaire au paradis

274. *Adorables pieds.* Pour le Tantra, les pieds sont le siège d'une intense énergie sexuelle, et ils contribuent souvent à rendre plus « hot » des positions sexuelles basiques. Dans la position du missionnaire, repliez les genoux sur votre poitrine, afin que votre partenaire puisse utiliser vos pieds comme un mini-tremplin.

La Vibration : pénétration profonde, un vrai paradis pour le point G, sensations dans la plante des pieds et, pour lui, sensation de maîtrise totale.

275. *Le phénix jouant dans la grotte de corail.* Allongée sur le dos, attrapez vos pieds et levez les jambes. Voilà une magnifique et franche invitation…

La Vibration : sentiment d'ouverture totale, frottement de son bassin contre vos fesses.

276. *La position de l'Indra.* Dans la position du missionnaire, vous augmenterez le sentiment d'amour de votre partenaire si vous posez les pieds sur sa poitrine, cuisses serrées.

La Vibration : lèvres du vagin plus sensibles et resserrées ; la sensation de sa poitrine et/ou de ses ardeurs dans la plante des pieds.

$277.$ *L'oiseau géant planant sur la mer obscure.*
Allongée sur le dos, passez les jambes à l'extérieur de ses bras et repliez-les sur ses coudes. Mettez les deux mains autour de son cou.

La Vibration : pénétration profonde, délicieuse exposition, impression de flottement, passion lubrique.

$278.$ *Le tigre accroupi.* Dans la position du missionnaire, levez la jambe gauche à la verticale. Saisissez votre genou droit avec votre bras droit. Votre partenaire s'accroupit, son pied gauche ferme le triangle dessiné par votre jambe et votre bras droits, tandis que vous faites reposer votre jambe gauche contre sa poitrine. Vous pouvez surélever votre bassin à l'aide d'un coussin.

La Vibration : va-et-vient libres et très profonds, stimulation de certains points inhabituels du vagin.

$279.$ *La tortue marine.* Allongez-vous sur le dos et posez les pieds à plat sur le lit, tout près de vos fesses. En vous appuyant sur vos mains, bougez votre bassin de haut en bas, d'avant en arrière, et en rond.

La Vibration : excellente liberté de mouvement, contrôle du rythme et de l'angle de pénétration.

$280.$ *La fleur d'amour.* Ne négligez pas cette technique, subtile mais très efficace. Alors que vous faites l'amour dans la position du missionnaire, concentrez-vous sur l'énergie sexuelle qui fait vibrer votre vagin et faites-la mentalement remonter jusqu'à votre cœur. Entretenez alors le sentiment d'extase jusqu'à l'orgasme.

La Vibration : comme le dit mon amie Deborah, « ça crée un sentiment de connexion tout à fait nouveau » ; très bien également pour faire naître le désir quand votre tête dit oui, mais votre corps dit non.

Côte à côte

281. *Les ciseaux du paradis.* Allongez-vous sur le côté et écartez les jambes, comme des ciseaux. Votre partenaire, agenouillé, enjambe la cuisse sur laquelle vous reposez et vous pénètre. Vous pouvez contrôler la profondeur de ses va-et-vient et l'étau de votre vagin, en levant ou baissant l'autre jambe et/ou votre bassin tout entier.

La Vibration : angles de pénétration inhabituels, stimulation du périnée et des fesses.

282. *La posture des cuillères (avec des pauses).* Votre partenaire vous pénètre dans la position des cuillères : vous êtes allongée sur le côté, en chien de fusil ; derrière vous, il épouse vos formes. Arrêtez-vous juste avant l'orgasme ; concentrez-vous sur votre respiration commune, et représentez-vous l'énergie qui inonde vos sexes, vos poitrines et vos têtes. Recommencez les va-et-vient, et faites une nouvelle pause avant l'orgasme.

La Vibration : un courant électrique très intime dans vos corps, son souffle chaud dans votre nuque, son cœur qui bat dans votre dos, son sexe qui vibre en vous.

Par-derrière

283. *L'union de l'éléphant.* Allongez-vous sur le ventre et invitez-le à s'agenouiller autour de vos cuisses et à vous pénétrer par-derrière. Vous pouvez agripper ses avant-bras : ils serviront d'appui à vos mouvements de bassin. À moins que vous ne préfériez qu'il ne pétrisse votre dos.

La Vibration : stimulation du clitoris contre le lit, position très confortable dans laquelle vous jouissez de toutes les sensations.

284. *L'ouverture de la cigale.* Là aussi, vous êtes allongée sur le ventre, mais, cette fois, votre partenaire s'installe entre vos cuisses et s'allonge sur vous. Pour « ouvrir votre cigale », il soulève votre bassin, écarte les lèvres et les caresse tout en introduisant son sceptre en vous.

La Vibration : sensation d'être « prise » ; et selon Felice Dunas, dans son merveilleux livre, *Passion Play* *,

---

* Riverhead Books, 1998. Non traduit en français (N.d.T.).

l'excitation est telle que votre vulve vibre et s'ouvre généreusement.

285. *L'union du loup.*
Debout, genoux légèrement pliés, penchez-vous en avant et prenez appui sur le sol, en remontant les fesses le plus haut possible. Étirez bien votre dos de manière à passer la tête entre vos jambes lorsque votre partenaire, debout derrière vous, vous pénètre.

La Vibration : angle de vue insolite ; excellentes sensations vaginales et stimulation du point G ; pénétration puissante.

Debout

286. *La posture du bambou.*
Faites d'abord quelques exercices d'assouplissement... La prochaine fois que vous embrasserez votre amant, levez une jambe progressivement : amenez d'abord le genou au niveau de son avant-bras, posé sur vos hanches ; puis extension complète de la jambe contre son épaule. Il peut vous aider en mettant ses mains dans le bas de votre dos, de manière qu'un de ses bras soutienne votre jambe.

La Vibration : angle de pénétration très intéressant, intense stimulation du clitoris.

287. *La brouette tantrique.*
Mettez-vous à quatre pattes sur le sol et baissez complètement la tête. Invitez-

le à vous saisir par les chevilles et à vous soulever, comme s'il tenait une brouette. Il ne lui reste plus qu'à vous faire aller et venir sur sa Tige de Jade avec un exquis sentiment de puissance.

La Vibration : afflux de sang dans des zones jamais stimulées autrement, stimulation du point G.

288. *L'union suspendue.*

Cette position est représentée dans de nombreuses sculptures tantriques : l'homme est debout, la femme enroule ses bras autour de son cou et ses jambes autour de ses hanches ; les mains de l'homme soutiennent les fesses de la femme. Des êtres humains normalement constitués peuvent tout à fait s'adonner à cet exercice, pourvu que l'un ou l'autre prenne appui sur un mur. Si c'est votre partenaire qui est adossé, vous pouvez poser les pieds sur le mur pour aller et venir plus aisément sur son Bâton de Lumière. Dans la situation inverse, il vous plaque contre le mur et, tel Hercule, vous pénètre vigoureusement. Cette figure est toutefois plus facile à réaliser si vous êtes dans un milieu aqueux…

La Vibration : l'excitation du risque, le sentiment d'être en suspension, l'énergie sexuelle qui se propage le long de votre colonne vertébrale.

La déesse prend le dessus

289. *La posture de Kali.* Votre partenaire est allongé sur le dos, ses jambes légèrement repliées, les pieds sur le lit. À califourchon sur lui, le dos bien droit, enfourchez son sexe. Cambrez-vous légèrement et posez les mains sur ses genoux. Enserrez son membre dans vos puissants anneaux internes et faites travailler les muscles de vos cuisses, pour lever et baisser votre torse au-dessus de lui.

La Vibration : votre poitrine déployée et votre clitoris offerts à ses caresses ; son sceptre enfoui profondément en vous dans un angle idéal ; l'excitation d'une reine qui a tous les pouvoirs.

290. *Roi d'une nuit 1.* Disposez plusieurs coussins sur le bord du lit et demandez à votre roi de s'asseoir sur ce trône, les pieds par terre. Accroupissez-vous autour de ses cuisses et engouffrez son sexe en prenant appui sur les coussins ; votre poitrine est parfaitement exposée pour les baisers royaux.

La Vibration : confort, merveilleux contrôle de l'angle et de la profondeur de pénétration, stimulation simultanée du point G et des tétons.

291. *Roi d'une nuit 2.* Cette fois, c'est une chaise qui fera office de trône. Asseyez-vous sur son sceptre royal, puis inclinez-vous en arrière jusqu'à ce que vous puissiez poser vos pieds sur ses épaules, jambes tendues. Laissez-vous glisser d'avant en arrière sur son sexe, ou placez vos poings derrière ses hanches et, bras tendus, bougez de bas en haut. Votre porte dorée est majestueusement exposée à son regard et à ses caresses.

La Vibration : excellente stimulation du point G et du clitoris, un sourire d'extase sur son visage.

292. *Le serpent.*

Huilez vos corps et allongez-vous de tout votre long sur votre partenaire. Son dragon céleste dans votre vagin, bougez tout votre corps sur le sien. Vous pouvez aussi serrer les jambes, faire des mouvements de bassin circulaires, caresser son torse avec votre poitrine. Il va adorer cette excitation inhabituelle : tout le poids de votre corps glissant contre lui, pressant le sien.

La Vibration : stimulation du corps tout entier, impression d'être clouée à votre partenaire.

293. *La posture de la balançoire.*

Votre partenaire est allongé sur le dos. À genoux autour de ses hanches, enfourchez son sexe en lui tournant le dos. Vous avez le choix entre plusieurs délices : penchez-vous en avant, bloquez ses pieds contre le lit, et balancez-vous d'avant en arrière sur sa Tige de Jade, très inclinée ; massez et léchez ses doigts de pieds ; redressez-vous sur son sexe et caressez votre entrejambe et le sien ; cambrez-vous, prenez appui sur sa poitrine et bougez votre bassin de bas en haut. Il peut caresser vos fesses et se délecter de la vue de votre dos magnifiquement arqué.

La Vibration : contrôle inégalé de nouveaux angles de pénétration, stimulation du point G, caresses et petites griffures dans le bas du dos.

294. *Shakti au printemps.*

Asseyez-vous sur son sexe dressé, face à ses pieds, et repliez vos jambes entre les siennes, vos talons près de ses bijoux de famille. Prenez appui sur ses cuisses et pompez vigoureusement. Vous pouvez aussi déplacer vos pieds à l'extérieur d'une de ses cuisses, pour varier l'angle.

La Vibration : parfait contrôle et agilité ; ses mains, complètement libres, peuvent caresser presque tout votre corps ; vision panoramique.

295. *Le cobra déroulé.*

Demandez-lui de s'allonger sur le dos et enfourchez-le, à genoux sur le lit. Cette fois, vous lui faites face. Penchez-vous en arrière et saisissez ses chevilles. Au besoin, dites-lui de plier un peu les jambes. Si vous êtes suffisamment souple, cambrez-vous complètement pour que votre tête repose sur le lit. Devant le spectacle des courbes de votre corps, il ne pourra pas résister à l'envie de caresser votre Bouton de Jade merveilleusement exposé.

La Vibration : sensation d'ouverture et d'abandon charnel ; stimulation intense du point G et des profondeurs du vagin.

296. *Les lions au repos.*

Asseyez-vous sur son sexe dressé. Posez les pieds près de ses épaules et penchez-vous en arrière, entre ses jambes : vos corps forment un X. Vous pouvez vous saisir mutuellement les poignets pour contrebalancer vos mouvements, ou rester étendus ainsi, comme des lions au repos ; ondulez alors du bassin et jouez de vos muscles pelviens pour que l'animal continue de ronronner…

La Vibration : très relaxant, sensation de flottement, enchevêtrement des mains, pulsations dans le bas-ventre.

297. *Les dragons volants.*

Essayez de trouver une petite place pour cette figure dans vos jeux amoureux, ne serait-ce que pour son grain de folie. Votre partenaire est assis par terre, les mains en appui légèrement derrière le dos, les pieds à plat sur le sol. Il relève son bassin à l'horizontale : son torse forme un plateau. Enfourchez-le, de face, et penchez-vous sur sa poitrine. C'est là que ça devient fou, mais délicieux : prenez appui sur le sol avec votre main et votre pied droits et, de la main gauche, saisissez votre cheville gauche et amenez-la près de votre fesse. Votre partenaire peut bouger son bassin de bas en haut, tandis que votre « aile » gauche glisse d'avant en arrière sur son membre.

La Vibration : si vous ne vous écroulez pas tous les deux dans un éclat de rire, ce qui sera un excellent aphrodisiaque, c'est une excellente stimulation des chakras !

Le Yab-Yum

Le Yab-Yum est cette célèbre position dans laquelle la femme est assise à califourchon sur l'homme, dans la position du lotus. Elle replie ses jambes autour de sa taille et ses bras derrière sa nuque. C'est une position sacrée, une très ancienne figure tantrique, dans laquelle l'amour soude les amants l'un à l'autre. Elle permet à l'énergie sexuelle de remonter à travers le corps, d'irriguer le cœur, les lèvres et les yeux, avant d'envahir le corps du partenaire et de continuer ainsi son chemin de l'un à l'autre, en une boucle ininterrompue.

298. *Quasi-Yab-Yum.* Dans cette position, sa Tige de Jade se dresse entre vous au lieu de se lover dans votre caverne de cinabre. Plongez vos yeux dans les siens et caressez son membre ardent.

299. *Yab-Yum intense.* Enroulez vos jambes autour de ses coudes pour accueillir votre amant plus profondément en vous. Ondulez sensuellement. Pour ajouter une touche esthétique à la figure, soignez la ligne de vos jambes en mettant vos pieds en extension.

300. *Massage Yab-Yum.* Penchez-vous légèrement en arrière afin d'atteindre ses pieds. Massez sensuellement ses orteils, la plante de ses pieds et le cou-de-pied. Glissez lentement un doigt entre ses orteils, en imitant la manière dont il vous pénètre.

Apprivoiser le Yab-Yum

La Vibration : cette position ne permet pas vraiment de va-et-vient, mais la pénétration est profonde, la stimulation du point G et du clitoris, idéale, et le face-à-face crée une intimité très particulière. Votre corps entier devient une vulve irradiée de son sceptre de lumière. Votre partenaire a la sensation d'être complètement englouti dans votre vallée de joie, tout son corps vibre d'une énergie virile.

Le petit plus : il peut s'asseoir sur un coussin pour détendre ses jambes. Si vous vous asseyez, vous aussi, sur un coussin, le poids sur ses cuisses sera moindre.

Que faire dans cette position ? Ainsi enlacés, vous pouvez :
- échanger de longs regards et murmurer des paroles d'amour ;
- vous embrasser passionnément et boire le nectar de vos bouches ;
- onduler langoureusement vos bassins ;
- laisser vos mains redécouvrir le corps de l'autre : son visage, sa poitrine, son dos, ses membres…
- contracter vos muscles pelviens pour mieux enserrer sa Tige de Jade et attiser le désir ;
- lever ou baisser les genoux pour varier l'angle de pénétration ;
- fusionner vos deux corps, lèvres contre lèvres, poitrine contre poitrine, ventre contre ventre, en vous imprégnant du parfum de l'autre : c'est une excellente transition avant ou après l'orgasme.

LE COURONNEMENT DE L'AMOUR

- *Ces activités sacrées méritent qu'on leur réserve un lieu et un temps dédiés. Pour les adeptes du tantrisme, la période entre minuit et trois heures du matin est particulièrement puissante. Mais n'importe quel moment calme fera l'affaire. Préparez le lieu de votre communion avec soin : disposez-y des fleurs, des bougies, des symboles de votre amour, du vin et de la nourriture. Ces attentions sont censées attirer les dieux et les déesses de l'amour dans votre sanctuaire, et exhausser vos sentiments.*

- *Lavez-vous mutuellement : ce rituel vous aidera à vous débarrasser des soucis de la journée et à purifier vos échanges amoureux.*

- *Parez-vous comme une reine ; par exemple, portez du rouge, une matière translucide ou seulement un bijou évocateur.*

- *Procédez à l'onction du roi. Enduisez d'huile parfumée ses pieds, son mont pelvien, ses tétons, la zone de son cœur, sa gorge et son front, dans l'intention de stimuler ses qualités divines. C'est maintenant à lui d'oindre sa reine...*

- *Allumez les bougies et portez un toast, d'abord à la passion qui vous lie ; puis au dieu de l'amour qui s'est incarné en votre amant ; et, enfin, à vous-même, déesse sensuelle et initiatrice de l'inspiration sexuelle.*

- *Commencez par caresser votre amant pour imprégner sa peau de votre adoration. Déposez des baisers sur tout son corps avant de vous consacrer à son sceptre doré. Léchez-le jusqu'à ce qu'il vibre de désir ; mais pas plus.*

- *Offrez votre fente à ses lèvres jusqu'à ce que la déesse de la passion embrase vos reins. Éventuellement, rendez-lui la pareille.*
- *Entamez l'union divine dans la position qu'il vous plaira. D'abord, peut-être, prenez votre plaisir au-dessus de lui, comme la reine que vous êtes. De là, vous passerez facilement dans la position du Yab-Yum : embrassez-vous avec fougue, mêlez vos respirations et sentez les vagues d'amour qui envahissent vos corps. Puis choisissez une des variantes du missionnaire ; encensez la puissance de votre amant et, si nécessaire, utilisez les techniques de compression (voir p. 82) pour retarder son orgasme. Il est sans doute temps de faire une petite pause : rafraîchissez-vous en mangeant quelques fraises accompagnées d'un vin léger et de mots d'amour. Puis reprenez vos ébats, côte à côte ou dans une position où il se trouve derrière vous. N'oubliez pas que pendant ce temps, vos mains sont libres pour toutes les caresses ! Repoussez plusieurs fois le moment de la délivrance, avant de laisser exploser votre plaisir dans un orgasme cosmique.*
- *Dans les bras l'un de l'autre, chuchotez-vous des mots doux.*
- *Le moment venu, une manière élégante de clore le rituel amoureux est de remercier votre amant d'avoir su révéler la déesse en vous, et de vous avoir dévoilé le dieu qui est en lui. Défaites votre sanctuaire amoureux jusqu'à la prochaine cérémonie.*

301. *Tango Yab-Yum.* Desserrez l'étreinte de vos jambes et posez les pieds à plat sur le lit. En prenant appui derrière votre dos, vos hanches peuvent onduler librement autour de son sexe. Vous allez le rendre fou de plaisir !

302. *Étreinte tantrique.* Dans la position du Yab-Yum, agrippez vos avant-bras et penchez-vous tous les deux le plus en arrière possible. Basculez la tête de manière à déployer largement vos torses. Concentrez votre attention sur votre fleur de lotus, qui enserre son serpent dans une étreinte amoureuse. Puis faites glisser vos mains jusqu'à vos poignets, et penchez-vous encore un peu plus. Ainsi abandonnés l'un à l'autre, redressez-vous tous deux et laissez-vous retomber, plusieurs fois, jusqu'à être envahis par le feu de l'orgasme.

La Vibration : l'extension de vos torses accentue les sensations du bas-ventre jusqu'à la gorge ; l'afflux de sang dans la tête crée un sentiment d'euphorie ; grande tension sexuelle.

12

COMMENT PRÉPARER VOTRE ATHLÈTE ?

> « *La moitié du temps, si vous voulez vraiment la vérité, quand je chahute avec une fille, bon Dieu, j'ai un mal fou à seulement savoir ce que je cherche.* »
>
> J. D. Salinger, L'Attrape-cœur

J'ai eu un amant qui ne parvenait pas vraiment à trouver ce que nous attendions l'un et l'autre de notre relation, bien qu'il maîtrisât les bases de l'éducation sexuelle. Il pensait qu'il voulait davantage d'orgasmes. Je savais que je voulais une sexualité plus passionnée. Comme il n'arrivait pas à me satisfaire, j'ai décidé de prendre les choses en main.

Je croyais que je devais le faire changer, alors j'ai mis en pratique les bonnes vieilles règles de séduction. Je marchais en me déhanchant, je pensais beaucoup plus souvent au sexe... Je me suis alors rendu compte que mon corps devenait plus délié, et que ma sensibilité s'était aiguisée : je remarquais désormais de subtiles nuances de couleur et de texture dans la barbe de mon amant. Je me suis mise à repousser mes barrières sexuelles. Au lit, mes mains semblaient animées d'un désir souverain, elles trouvaient de nouvelles caresses pour enflammer sa peau. Cette sensualité redécouverte a, en quelque sorte, percé son armure et réveillé en lui un sens de la magie. Mon partenaire me faisait l'amour de plus en plus subtilement, bien que puissamment. Je sentais qu'il adorait mon corps et qu'il voulait le faire jouir. Ensemble, nous sommes devenus des amants virtuoses.

En fait, j'ai compris à ce moment-là que les hommes, dont la nature est de se fixer des buts et de s'acharner à les atteindre, ne savent pas profiter du chemin qui les mène à leurs fins. C'est encore plus vrai en matière de sexualité : leur corps et leur esprit sont obsédés par une seule chose ! Nous, les femmes, envisageons la chose différemment : l'amour est ouverture, invitation à la pénétration, un royaume d'émotions et de révélations, physiques et mentales.

C'est nous qui sommes les gardiennes des mystères de l'amour ; c'est donc à nous d'initier nos amants aux secrets de leur propre sensualité, de leur apprendre l'art des préliminaires et de l'érotisme. Nous devons les encourager à être des explorateurs, pas des guerriers ; à brandir un Bâton de Lumière, et pas une lame impatiente ! À nous d'utiliser ce pouvoir, dont nous avons trop peu conscience, pour faire de nos mecs les amants de nos rêves.

Pour qu'il vous écoute

Le premier défi est souvent de se faire entendre ! Comment allez-vous le rendre réceptif aux perles de votre sagesse ?

• *Flattez-le.* Les femmes aiment se sentir belles et sexy. Les hommes, eux, ont besoin de se sentir héroïques et efficaces. Avant même que vous n'ayez de véritables raisons de le faire, encensez sa puissance virile, sa force et sa capacité à combler vos désirs. Répétez-lui à quel point il vous fait de l'effet. Comme par magie, il va bientôt vous croire et ressembler à l'image que vous lui renvoyez.

• *Apprenez son langage.* Les femmes aiment parler. Les hommes aiment qu'on les touche. Avec eux, une caresse sensuelle a beaucoup plus d'effet qu'un long discours. Prenez son bras quand il passe près de vous ; de temps en temps, caressez son membre alors que vous regardez la télévision ; tapotez sa joue avant de lui dire quelque chose d'important. Sa peau va devenir plus sensible, son cœur va s'ouvrir, et son attention n'en sera que meilleure.

• *Soyez sa muse.* Au lieu de vouloir le changer, aidez-le à être davantage lui-même. Croyez en lui. Voyez-le en grand. Soyez si féminine, si belle, si douce et si sensible qu'il aura envie de vous conquérir. Stimulez son imagination, il trouvera de nouvelles manières de vous satisfaire.

• *Révélez-le à lui-même.* La plupart des hommes n'ont aucune idée de ce qui les rend irrésistibles. Dites-lui combien ses longs cils et ses yeux gris-bleu rendent vos amies jalouses, ou comme ce petit creux dans sa clavicule est terriblement sexy. Avouez-lui que personne n'a jamais titillé votre nombril comme il le fait avec le bout de sa langue. Il se sentira unique, en confiance, et il voudra en savoir plus.

• *Commencez par l'essentiel.* Pour les femmes, l'amour conduit au sexe. Pour les hommes, c'est le contraire. Leurs pulsions érotiques, beaucoup de leurs émotions et, souvent, leur capacité de raison sont centrées sur leur pénis. Si vous commencez par là, avec des compliments, des caresses, des regards pleins de désir, le reste vous est presque déjà acquis.

Pour qu'il fasse ce que vous voulez sous la couette

• *Dites-le-lui.* Les hommes sont assez vite perplexes, alors soyez basique. Mais attention, ils n'aiment pas non plus la méthode dirigiste... Donnez-lui vos instructions sous couvert de flatteries, de mots d'amour et d'humour : « Mmmm, j'adore ça. Et c'est encore meilleur un peu à droite... Oh ouiiii ! » Ou : « J'aime te sentir en moi, mais attends que je n'en puisse plus pour venir... »

• *Faites comme si c'était déjà gagné.* Extasiez-vous sur les sensations qu'il vous a données, dites-lui que vous en voulez plus. Rayonnez de plaisir.

- *Guidez ses mains.* Placez-les exactement où vous voudriez qu'il les pose. Vous pouvez entrelacer vos doigts dans les siens pour l'aider à trouver la pression, la vitesse et le chemin de ses caresses. Il ne vous reste plus qu'à gémir pour exprimer votre plaisir.

- *Exhibez votre corps.* Un peu d'audace ! Si vous voulez qu'il porte plus d'attention à votre poitrine, faites-la danser devant ses lèvres. Si vous rêvez d'un orgasme du point G, exhibez votre croupe pour qu'il n'ait pas d'autre choix que celui de vous pénétrer par-derrière. Agissez, il réagira. Vos soupirs lui feront savoir qu'il n'a pas eu tort…

- *Lisez-lui des récits érotiques sur mesure.* C'est une merveilleuse idée de préliminaires. Choisissez des passages torrides qui mettent en scène ce que vous attendez de lui. Vous pouvez même changer les noms.

- Laissez-lui un petit mot. Envoyez-lui une carte, ou laissez un mot sous son oreiller, qui le titillera sur un point précis : « Je meurs d'envie de sentir tes caresses entre mes cuisses. » Ou : « Le souvenir de tes dents sur ma nuque et ta gorge qui haletait de désir… Je deviens folle ! »

- *Exprimez votre plaisir.* À chaque fois qu'il fait quelque chose que vous appréciez, exagérez votre réaction. Criez, gémissez, tremblez, haletez, murmurez « ouiiiiii » et félicitez-le après coup. Il lui en faut peut-être beaucoup pour capter…

- *Dites-lui que vous avez fait un rêve.* Avouez-lui que, la nuit passée, vous avez rêvé qu'il soulevait votre tee-shirt et qu'il s'était mis à lécher vos seins pendant des heures.

Ça vous a tellement excitée que vous vous êtes réveillée avec une envie folle de faire l'amour. Caressez-le pour le lui prouver. La prochaine fois que vous ferez l'amour, ne vous étonnez pas si les moindres détails de votre rêve deviennent réalité…

• *Concluez des marchés érotiques.* Son sexe ardent au creux de votre main, dites-lui que vous allez lui offrir la fellation la plus « hot » de sa vie… s'il pétrit d'abord votre point G jusqu'à l'orgasme. Autre marché : d'accord pour un « quickie » maintenant, mais, ce soir, vous aurez droit à de longues caresses dans votre bain. Quel que soit votre marché, n'oubliez jamais qu'au bout du compte vous êtes en possession de ce qu'il convoite et que votre pouvoir de négociation est d'autant plus fort que votre bouche, vos mains ou votre caverne de velours sont à proximité du centre nerveux qui est entre ses jambes.

• *Utilisez le pouvoir de l'orgasme.* L'orgasme nous plonge dans un état hypnotique dans lequel nous sommes très ouverts à la suggestion. Profitez de ce moment pour exprimer vos désirs : ils iront se loger directement dans son subconscient, et réapparaîtront sous la forme de soudaines fulgurances de sa part, la prochaine fois que vous ferez l'amour. Si, au moment de son orgasme, vous vous focalisez sur l'image de votre amant caressant vos lèvres intimes de la manière que vous adorez, vous pourriez bien voir se réaliser sous peu cette vision prophétique.

Pour synchroniser vos rythmes

C'est une loi biologique : les hommes atteignent leur point d'ébullition très vite, tandis que les femmes mijotent à petit feu, mais restent chaudes très longtemps. Comment faire pour harmoniser ces rythmes déphasés ?

• *Faites durer le plaisir pendant 55 minutes.* Après environ 55 minutes de préliminaires, vos corps subissent un changement physiologique : sa tension se relâche tandis que votre corps s'épanouit voluptueusement. Alors, essayez de faire durer les préludes à l'amour. Détournez son attention, qu'il porte naturellement sur son pénis : massez son torse, léchez ses doigts et ses orteils, offrez votre succulent sillon à ses lèvres. Au bout d'environ trois quarts d'heure, vos rythmes seront plus en phase.

• *Comprimez.* Utilisez les techniques de compression (voir p. 82), pendant les préliminaires ou pendant l'acte, pour retarder son point de non-retour. Ça vous donne une chance de le rattraper, et l'intensité de son orgasme n'en sera que meilleure : les fois suivantes, il voudra encore augmenter le niveau de son plaisir.

• *Ayez recours à la logique érotique.* Hors de la chambre, expliquez-lui que plus c'est long, plus c'est bon, et qu'avec un peu de patience et de longs baisers, il pourra réveiller en vous le désir animal qui n'attend que cela pour s'attaquer à lui...

• *Pensez-y longtemps à l'avance.* Gagnez du temps ! En rentrant du travail, ou pendant que vous cuisinez, pensez à ses doigts qui courent sur votre corps et aux sensations que cela provoque en vous. Si vous le pouvez, entretenez la flamme de votre désir tout au long de la journée. Touchez délicatement votre corps, admirez ses courbes et ses recoins secrets. Il n'aura qu'à vous effleurer pour déclencher en vous les premières vagues du plaisir.

• *Ne négligez pas le crépuscule du plaisir.* Ces moments magiques qui suivent l'orgasme sont idéaux pour harmoniser des rythmes décalés et renforcer votre intimité. Pour prolonger votre propre jouissance, profitez des ondes de plaisir qui perdurent après l'orgasme. Mentalement, propagez-les dans tout votre corps. Tandis que votre amant est déjà en partance pour le royaume des rêves, imprimez vos caresses enchanteresses dans son subconscient : gardez son sexe en vous et contractez doucement le vagin ; caressez-lui le dos ou griffez-le légèrement ; léchez sa nuque ; murmurez-lui à quel point c'était génial. Pendant dix à vingt minutes, laissez-le somnoler tout contre vous pour prolonger ce climat d'amour. Puis réveillez-le doucement et demandez-lui à quoi il rêvait. C'est dans de tels moments, quand vous êtes l'un et l'autre apaisés et comblés de bien-être, que vous pouvez amener sa personnalité sexuelle à épouser la forme de vos désirs.

Comme vous le savez maintenant, pour rendre un homme fou au lit, il suffit de commencer par attiser le feu de votre propre passion. C'est en étant audacieuse, séductrice et intrépide que vous guiderez votre couple à travers de nouveaux chemins sensuels. Vous découvrirez une intensité insoupçonnée en chacun de vous, et dans votre façon de faire l'amour. En osant « risquer votre corps et votre sang et votre esprit, votre moi connu, et devenir de plus en plus le moi que vous n'auriez jamais pu soupçonner », vous comprendrez enfin votre véritable et magnifique génie de femme et d'amante.

APPENDICE

POUR UNE SEXUALITÉ PLUS SÛRE

Malheureusement, l'époque du sexe insouciant est bel et bien révolue. Aujourd'hui, être un merveilleux amant signifie aussi prendre ses responsabilités et s'assurer qu'on ne s'expose pas – et qu'on n'expose pas son partenaire – à des maladies incurables, parfois mortelles. Alors parlez en toute franchise des risques que vous avez pu prendre par le passé, faites le test HIV et utilisez des préservatifs, jusqu'à ce que chacun soit assuré à 100 % que son partenaire n'a pas de maladies sexuellement transmissibles, et qu'il prend toutes les précautions pour ne pas en contracter. N'oubliez pas que l'on peut être contaminé par le virus du sida ou attraper d'autres maladies graves en ayant des relations sexuelles bucco-génitales, ou en utilisant des accessoires érotiques, et pas seulement en ayant des relations anales ou vaginales. Même avec un préservatif, un rapport sexuel qui met en jeu des fluides organiques n'est jamais complètement sûr ; il est seulement *plus sûr*. Voici quelques conseils basiques :

- Utilisez seulement des préservatifs ou des digues en latex. C'est la seule matière qui empêche les virus de se transmettre.
- N'utilisez jamais deux fois un même préservatif.
- Demandez à votre partenaire de mettre un préservatif pour une pénétration anale et vaginale, mais aussi quand vous lui faites une fellation.
- Pour prévenir les infections vaginales, n'ayez jamais un rapport vaginal juste après une pénétration anale.
- Utilisez une digue dentaire pour un cunnilingus.
- Utilisez des gants en latex pour un doigté.
- Appliquez aussi un préservatif sur les accessoires érotiques et lavez-les à l'eau chaude, avec du savon, après chaque utilisation.
- Avec des préservatifs ou des accessoires en latex, utilisez seulement des lubrifiants à base d'eau, comme l'Astroglide. Les lubrifiants à base de pétrole détériorent le latex.
- Sachez que le nonoxynol-9, qui entre dans la composition de nombreux spermicides, protège contre certaines infections, mais nullement contre le virus du sida. Même si vous utilisez un spermicide, utilisez aussi un préservatif.

Le préservatif peut faire partie intégrante de vos jeux érotiques si c'est vous qui le mettez à votre partenaire. Les pages 82 et 93 vous donneront quelques idées en la matière. Il existe aussi de nombreux types de préservatifs parfumés ou fantaisie – avec des nervures ou des picots –, qui pourront vous faire découvrir de nouvelles sensations. Je sais que ce n'est pas l'idéal, mais c'est *nécessaire*. Alors, ne jouez pas avec ça. Soyez ferme. Soyez sûre de vous. Maintenant, vous pouvez y aller et vous rendre fous au lit l'un et l'autre. Faire l'amour avec un homme en qui l'on a toute confiance est le plus merveilleux des aphrodisiaques.

TABLE

1. ÉTAT DE TRANSE 7
Les stimuli de la passion 11

2. L'ART DE LA SÉDUCTION 15
- *Quelle séductrice sommeille en vous ?* 17
Déployez votre séduction 20
Rayonnez de beauté. 20
Allumez-le 22
Des caresses personnelles 23
Prenez la pose 25
- *L'art de soulever votre jupe* 27
Soyez sexy 30
- *Des dons exclusivement féminins* 31

3. LES JEUX DE L'AMOUR 33
Le lieu, le lieu et encore le lieu ! 34

- *Un petit coup et puis s'en va.* 37
Jeux érotiques 38
Des accessoires coquins 40
- *Faites-vous une toile !* 45
La garde-robe : essentielle ! 46
- *L'art du déguisement* 49
Dirty dancing 50
Objets de plaisir 52
- *Strip-tease* 53

4. Prêtresse de l'amour **57**
Le pouvoir du corps 58
- *Revendiquez votre orgasme* 60
Le pouvoir sacré de la vulve. 63
Le pouvoir de la position dominante. 67

5. Sacrées positions **73**
Ouvrez les portes du paradis 74
La magie du missionnaire 75
Sur le côté. 78
Standing ovation 79
Par-derrière 80

- *Quelques techniques pour mieux en profiter* 82
Toujours plus 83

6. Adorable phallus 85
Première partie : la tradition orale 85
- *Pas à l'aise avec tout ça ?* 95
Deuxième partie : doigts de fée 97
- *Réflexologie du pénis* 99
Un point c'est tout 104
Effets spéciaux 106

7. L'envers du décor 109
- *Avant de commencer* 110
À la recherche de l'anneau 111
À la découverte de votre passage secret 113

8. Dans le secret des zones érogènes 117
- *Son centre d'érection secret* 121
- *Le point G masculin* 123
Les triades du désir 124

9. S... ? Mmm **127**

- *La sécurité avant tout*................... 128
Pour lui mettre la puce à l'oreille............. 129
Jeux de pouvoir......................... 131
Le délicieux plaisir du bandeau 134
L'art de la fessée 136
- *Jeux de rôles*........................... 137
Les liens de l'amour...................... 140
- *Petits trucs pour bien attacher*.............. 143
Les stigmates de l'amour 150
Épilogue 151

10. Les rituels amoureux **153**

Le rituel du bain 154
- *Comment préparer un rituel ?*............. 155
Les lieux de cérémonie.................... 158
Le rituel du massage 160
- *Cérémonial phallique*.................... 163
Cérémonies intimes...................... 165

11. Tantra et autres secrets de l'Orient ... **167**

Préliminaires torrides..................... 168

- *La Vibration tantrique* 169

Un missionnaire au paradis 173

Côte à côte 175

Par-derrière 176

Debout 177

La déesse prend le dessus 179

Le Yab-Yum 183

- *Apprivoiser le Yab-Yum* 184

- *Le couronnement de l'amour* 185

12. Comment préparer votre athlète ? **189**

Pour qu'il vous écoute 191

Pour qu'il fasse ce que vous voulez
sous la couette 192

Pour synchroniser vos rythmes 195

Appendice
Pour une sexualité plus sûre **199**

Au catalogue Marabout
(Livre de Poche)

Enfants – Éducation

- *100 trucs que je déteste sur la grossesse*, K. Konopicky, n° 3213
- *150 façons d'être une supermaman*, S. Dazzo, n° 3214
- *10 000 prénoms du monde entier*, P. Raguin, n° 3139
- *Adolescents, la crise nécessaire*, Dr S. Clerget, n° 3189
- *A.D.O.S.*, A. Schapiro-Niel, n° 3187
- *Ados, comment les motiver*, V. Acker, n° 3162
- *Aimer sans tout permettre*, Dr F. Dodson, n° 3101
- *Au cœur des émotions de l'enfant*, I. Filliozat, n° 3171
- *Aux petits maux les bons remèdes*, Dr G. Pacaud, n° 3209
- *Bébé calme*, C. Deacon, n° 3204
- *Bébé, dis-moi qui tu es*, Dr P. Grandsenne, n° 3160
- *Bébé, raconte-moi tes premières fois*, Dr P. Grandsenne, n° 3195
- *Bébé trucs*, C. Pellé-Douël, n° 3179
- *Ce dont chaque enfant a besoin*, Dr T. B. Brazelton, n° 3182
- *Cent histoires du soir*, S. Carquain, n° 3175
- *Destination maman*, A. Schapiro-Niel, n° 3197
- *Devenir père*, Pr. R. Frydman et C. Schilte, n° 3218
- *Écouter et soigner son enfant*, Dr M. Sznajder, n° 3206
- *Élever un garçon*, S. Biddulph, n° 3180
- *Élever une fille*, G. Preuschoff, n° 3211
- *Enceinte à Paris et en région parisienne*, V. Lamour, n° 3207
- *Enfants trucs*, C. Pellé-Douël n° 3179
- *Guide du jeune papa*, M. Micucci, n° 3186

- *Itinéraire d'un nouveau-né*, Dr E. Antier, n° 3163
- *Kilos ados*, M. Belouze et Dr A. Cocaul, n° 3203
- *Mon bébé comprend tout*, Dr A. Solter, n° 3156
- *Mon enfant a confiance en lui*, A. Bacus, n° 3192
- *Mon enfant s'entend bien avec les autres*, J. Cooper, n° 3217
- *Nounous ou crèches, que choisir ?*, Dr S. Angel, n° 3210
- *Objectif : sage comme une image !*, S. Baveystock et Dr T. Byron, n° 3215
- *Où accoucher en France*, V. Lamour, n° 3208
- *Parents efficaces*, Dr T. Gordon, n° 3102
- *Parents efficaces au quotidien*, Dr T. Gordon, n° 3138
- *Père et son enfant (Le)*, Dr F. Dodson, n° 3100
- *Prénoms et origines*, F. Le Bras, n° 3188
- *Pourquoi les aînés veulent diriger le monde et les benjamins le changer*, M. Grose, n° 3205
- *Recettes pour bébé*, Dr H. Bouchet et B. Vié, n° 3127
- *Se faire obéir sans crier*, B. Unell, n° 3169
- *Secret des enfants heureux (Le)* (vol. 1), S. Biddulph, n° 3181
- *Secret des enfants heureux (Le)* (vol. 2), S. Biddulph, n° 3184
- *Sexo ados*, Dr C. Solano, n° 3202
- *Sommeil de votre enfant (Le)*, A. Bacus, n° 3196
- *Tout se joue avant 6 ans*, Dr F. Dodson, n° 3115
- *Toutes les questions au pédiatre*, Dr M. Galland, n° 3173
- *Votre bébé de 1 jour à 1 an*, A. Bacus, n° 3120
- *Votre enfant de 1 à 3 ans*, A. Bacus, n° 3121
- *Votre enfant de 3 à 6 ans*, A. Bacus, n° 3122

Psychologie

- *150 tests d'intelligence*, J. E. Klausnitzer, n° 3529
- *Amour sans condition (L')*, L. L. Hay, n° 3662
- *Analyse transactionnelle (L')*, R. de Lassus, n° 3516
- *Apprivoiser le deuil*, M. Ireland, n° 3677
- *Art de la simplicité (L')*, D. Loreau, n° 3720
- *Au secours ! Je vis avec un(e) narcissique*, S. Carter et J. Sokol, n° 3721
- *Boostez votre cerveau*, G. Azzopardi, n° 3710
- *Ce que veulent les hommes*, B. Gerstman, C. Pizzo et R. Seldes, n° 3672
- *Ces amours qui nous font mal*, P. Delahaie, n° 3706
- *Ces gens qui vous empoisonnent l'existence*, L. Glas, n° 3597
- *Cette famille qui vit en nous*, C. Rialland, n° 3636
- *Changez de vie en 7 jours*, P. McKenna, n° 3719
- *Cinq Entretiens avec le Dalaï-Lama*, Sa Sainteté le Dalaï-Lama, n° 3650
- *Comment être boss... sans être garce*, C. Friedman et K. Yorio, n° 1959
- *Communication efficace par la PNL (La)*, R. de Lassus, n° 3510
- *Convaincre en moins de 2 minutes*, N. Boothman, n° 1958
- *Dictionnaire des rêves*, L. Uyttenhove, n° 3542
- *Efficace et épanoui par la PNL*, R. de Lassus, n° 3563
- *Ennéagramme (L')*, R. de Lassus, n° 3568
- *Force est en vous (La)*, L. L. Hay, n° 3647

- *Gestalt, l'art du contact (La)*, S. Ginger, n° 3554
- *Hommes, les femmes, etc. (Les)*, E. Willer, n° 3679
- *Intelligence du cœur (L')*, I. Filliozat, n° 3580
- *Interprétation des rêves (L')*, P. Daco, n° 3501
- *Je t'en veux, je t'aime*, I. Filliozat, n° 3699
- *Langage des gestes (Le)*, D. Morris, n° 3590
- *Méditer au quotidien*, H. Gunaratana, n° 3644
- *Mesurez votre Q.I.*, G. Azzopardi, n° 3527
- *Méthode Coué (La)*, E. Coué, n° 3514
- *Notre capital chance*, Dr R. Wiseman, n° 3691
- *On gère sa vie, on ne la subit pas*, P. McGraw, n° 3704
- *Oser être soi-même*, R. de Lassus, n° 3603
- *Osez briser la glace*, S. Jeffers, n° 3673
- *Osez le grand amour*, S. Jeffers, n° 3716
- *Parents toxiques*, Dr S. Forward, n° 3678
- *Pères d'aujourd'hui, filles de demain*, V. Colin-Simard, n° 3693
- *Petit Livre de sagesse du Dalaï-Lama (Le)*, B. Baudouin, n° 3702
- *Plénitude de l'instant (La)*, T. Nhat Hanh, n° 3655
- *Pourquoi les femmes se prennent la tête ?*, S. Nolen-Hoeksema, n° 3722
- *Pouvoir de la bonté (Le)*, Sa Sainteté le Dalaï-Lama, n° 3703
- *Prodigieuses Victoires de la psychologie (Les)*, P. Daco, n° 3504
- *Psy de poche (Le)*, S. Mc Mahon, n° 3551
- *Puissance de la pensée positive (La)*, N. V. Peale, n° 3607

- *Quand les enfants partent*, A. Schapiro-Niel, n° 3707
- *Que se passe-t-il en moi ?*, I. Filliozat, n° 3671
- *Réussir le nouveaux tests de Q.I.*, G. Azzopardi, n° 3714
- *Rupture : petit guide de survie*, D. Hirsh, n° 3689
- *Sexe des larmes (Le)*, Dr P. Lemoine, n° 3688
- *Thérapie du bonheur (La)*, Dr É. Jalenques, n° 3682
- *Tout ce que les hommes ignorent et que les femmes n'avoueront jamais*, D. McKinlay, n° 3708
- *Tout se joue en moins de 2 minutes*, N. Boothman, n° 3675
- *Transformez votre vie*, L. L. Hay, n° 3633
- *Tremblez mais osez !*, S. Jeffers, n° 3669
- *Triomphes de la psychanalyse (Les)*, P. Daco, n° 3505
- *Vie à bras-le-corps (La)*, S. Jeffers, n° 3690

Santé – Forme – Sexualité

- *40 ans pour longtemps*, M. Bulher et J. Rousselet-Blanc, n° 2883
- *130 desserts pour diabétiques*, C. Fouquet et C. Pinson, n° 2910
- *130 recettes anti-cholestérol*, L. Cariel, D. Chauvois, C. Gouesmel, n° 2890
- *130 recettes bien-être*, L. Cariel, D. Chauvois, n° 2891
- *130 recettes minceur*, T. Ellul-Ferrari, n° 2841
- *130 recettes pour diabétiques*, C. Fouquet et C. Pinson, n° 2871
- *130 recettes sans sel*, C. Gouesmel, C. Pinson, n° 2914
- *177 façons d'emmener une femme au septième ciel*, M. Saint-Loup, n° 2783
- *203 façons de rendre fou un homme au lit*, J. Saint-Ange, n° 2771
- *208 nouvelles façons de rendre un homme fou de désir*, M. Saint-Loup, n° 2834
- *302 techniques avancées pour rendre fou un homme*, J. Saint-Ange, n° 2898
- *365 jours de sexe*, L. L. Paget, n° 2911
- *Alimentation anti-oxydante (L')*, Dr S. Rafal, n° 2840
- *Alternative aux antibiotiques (L')*, Dr G. Pacaud, n° 2905
- *Art de faire l'amour à un homme (L')*, L. L. Paget, n° 2874
- *Art de faire l'amour à une femme (L')*, L. L. Paget, n° 2875
- *Best Sex*, T. Cox, n° 2880
- *Bien nourrir sa peau*, Dr N. Pomarède, n° 2897
- *Cerveau en pleine forme (Un)*, A. Dufour, n° 2878
- *Comment faire l'amour à un homme*, A. Penncy, n° 2737
- *Comment faire l'amour à une femme*, M. Morgenstern, n° 2738

- *Comment gérer son stress*, V. Pieffer, n° 2808
- *Découvrir le Feng Shui*, S. Brown, n° 2802
- *Décrochez !*, Dr S. Angel, n° 2893
- *Détox anti-âge*, Dr D. Lamboley, n° 2909
- *Et si c'était la thyroïde ?*, Dr P. Nys, n° 2903
- *Feng Shui santé (Le)*, R. Saint-Arnauld, n° 2856
- *Fini les rhumatismes !*, Dr J.-L. Dervaux, n° 2900
- *Guide des fleurs du Dr Bach (Le)*, P. Ferris, n° 2835
- *Guide des pierres de soins (Le)*, R. Boschiero, n° 2831
- *Guide du Feng Shui (Le)*, R. Saint-Arnauld, n° 2817
- *Guide pratique antidouleur*, Dr S. Rafal, n° 2917
- *Hanches et fesses parfaites en 10 minutes par jour*, L. Raisin, n° 2768
- *Je soigne mon enfant par l'homéopathie*, Dr G. Pacaud, n° 2861
- *Livre de bord de la future maman*, Dr M.-C. Delahaye, n° 2717
- *Maigrir avec les hautes calories*, M. Leconte, n° 2700
- *Maigrir selon son profil hormonal*, Dr P. Nys, n° 2865
- *Mémoire du corps (La)*, P. Hammond, n° 2901
- *Ménopause au naturel (La)*, Dr S. Rafal, n° 2868
- *Mes petites magies*, M. Laforêt, n° 2864
- *Mes secrets de pharmacienne*, D. Festy, n° 2862
- *Migraines et maux de tête*, Dr J.-L. Dervaux, n° 2882
- *Mince... je fonds et ça dure !*, Drs D. Arsac, M. Gourmelon et C. Paturel, n° 2915
- *Nouveaux Remèdes naturels (Les)*, J.-M. Pelt, n° 2869
- *Orgasme sans tabou (L')*, L. L. Paget, n° 2885
- *Pour en finir avec le tabac*, Dr J.-L. Dervaux, n° 2847

- *Pratique du massage chinois*, Dr Y.-W. Chen, n° 2907
- *Régime anti-âge (Le)*, Dr R. C. Atkins, n° 2884
- *Régime brûle-graisses (Le)*, C. Pinson, n° 2867
- *Régime soupe (Le)*, C. Pinson, n° 2829
- *Régime zen (Le)*, C. Pinson, n° 2908
- *Remèdes de santé d'Hildegarde de Bingen (Les)*, P. Ferris, n° 2859
- *Se soigner par l'homéopathie*, Dr G. Pacaud, n° 2727
- *Secrets du régime crétois (Les)*, Dr J.-P. Willem, n° 2827
- *Sex toys, faites-vous plaisir*, C. Foch et A. Helary, n° 2916
- *Sophrologie facile (La)*, Dr Y. Davrou, n° 2794
- *Soyez sûr de votre haleine*, Drs M. Cymes et M. Davarpanah, n° 2902
- *Toujours jeune grâce aux compléments alimentaires*, A. Dufour, n° 2866
- *Trucs et astuces de beauté*, S. Lacoste, n° 2839
- *Trucs et astuces de santé*, S. Lacoste, n° 2838
- *Ventre plat en 10 minutes par jour (Un)*, L. Raisin, n° 2767
- *Yoga anti-stress*, I. Townsend, n° 2766
- *Yoga de Davina (Le)*, D. Delor, n° 2918

Vie quotidenne – Vie professionnelle

- *50 modèles de lettres pour trouver un emploi*, F. Le Bras, n° 1911
- *100 idées pour animer un mariage*, P. Lecarme, n° 1563
- *200 modèles de lettres*, P. Maury, n° 1510
- *350 pistes pour trouver un emploi*, F. Le Bras, n° 1953
- *Animer un anniversaire*, P. Lecarme, n° 1569
- *Bon anniversaire de 1 à 100 ans*, B. Beyern, n° 1575
- *Comment rester sain d'esprit lorsque le travail vous rend fou*, P. Hellman, n° 1956
- *Commerce équitable (Le)*, K. Pouliquen, n° 1568
- *Comptabilité facile (La)*, L. Batsch, n° 1918
- *Correspondance (La)*, G. d'Assailly, n° 1501
- *Courrier facile (Le)*, C. Ovtcharenko, n° 1505
- *Entretien d'embauche (L')*, F. Le Bras, n° 1940
- *Être bénévole aujourd'hui*, P. Dreyer et M. Perenne, n° 1578
- *Généalogie facile (La)*, J.-L. Beaucarnot, n° 1512
- *Guide de l'organisation du mariage (Le)*, N. Terrail, n° 1513
- *Je veux retravailler*, F. Le Bras, n° 1955
- *Lettre de motivation (La)*, F. Le Bras, n° 1938
- *Mieux se connaître pour réussir*, G. Azzopardi, n° 1954
- *Nouveaux Tests de recrutement (Les)*, G. Azzopardi, n° 1957
- *Pas une minute à perdre, je suis à la retraite*, I. Morel d'Arleux, n° 1579
- *Recettes de bonne femme (Les)*, J. et V. Rousselet-Blanc, n° 1576
- *Sauvez cette planète ! Mode d'emploi*, D. Glocheux, n° 1577
- *Se marier autrement*, F. Servan-Schreiber, n° 1572

- *Se remettre à l'anglais en 10 minutes par jour*, A. et G. Mukerjee, n° 1565
- *Trois jours avec les mômes*, P. Lecarme, n° 1573
- *Trucs de Papytruc (Les)*, J. Bujardet, n° 1570

Cuisine

- *Bonne Cuisine (La)*, F. Bernard, n° 3920
- *Bonne Cuisine de nos grands-mères du Sud-Ouest (La)*, H. Guilhem, n° 3938
- *Bonnes Recettes de Mauricette (Les)*, M. Clément, n° 3927
- *Grand Livre de la cuisine provençale (Le)*, G. Gedda, n° 3937
- *Guide des vins bio (Le)*, Collectif, n° 3940
- *Guide des vins du monde (Le)*, H. Piot, n° 3939
- *Recettes au quinoa*, C. Dumay, n° 3931
- *Recettes de tradition*, F. Bernard, n° 3921

Loisirs – Jeux

- *80 jeux de logique – niveau facile*, n° 5359
- *80 jeux de logique – niveau difficile*, n° 5360
- *Dictionnaire des mots croisés (vol. 1 : A-H)*, L. Noël, n° 5306
- *Dictionnaire des mots croisés (vol. 2 : I-Z)*, L. Noël, n° 5307
- *Échecs (Les)*, F. van Seters, n° 5313
- *Énigmes mathématiques diaboliques*, S. Lhullier
- *Fonelle et ses amis*, S. Fontanel, n° 5352
- *France en 1 500 questions – Culture (La)*, B. Labes et S. Bouvet
- *France en 1 500 questions – Régions (La)*, B. Labes et S. Bouvet
- *Guide Marabout de la photographie (Le)*, M. Biderbost, n° 5310
- *Guide Marabout du bridge (Le)*, M. Charlemagne et M. Duguet, n° 5349
- *Guide Marabout du scrabble (Le)*, M. Charlemagne, n° 5312
- *Infâmes Logigrammes*, n° 5366
- *Initiation aux échecs*, M. Noir, n° 5355
- *Matémo*, M. Ducournau, n° 5365
- *Meilleures Blagues de l'été (Les)*, M. et A. Guillois, n° 5358
- *Pas de panique, c'est logique*, F. Mazza, n°
- *Plus Belles Chansons (Les)*, Collectif, n° 5354
- *Proverbes pour rire*, P. Mignaval, n° 5351
- *Tous les jeux de cartes*, F. Gerver, n° 5311
- *Toutes les excuses pour ne pas aller bosser*, S. Egly et É. Lehmann, n° 5362

Jardins – Animaux

- *Guide de l'aquarium d'eau douce (Le)*, H. Favré, n° 6400
- *Guide 2007 de la Lune*, P. Ferris, n° 6114
- *Memento du vétérinaire : le chat*, Dr J. Cuvelier, n° 6425
- *Memento du vétérinaire : le chien*, Dr J. Cuvelier, n° 6417

IMPRIMÉ EN ALLEMAGNE PAR GGP MEDIA GMBH

pour le compte des
Nouvelles Éditions Marabout
D.L. Juillet 2009
ISBN : 978-2-501-05385-3
40.8577.5/04